梁晓声精读系列

故人往事

梁晓声＼著

丛书策划＼李世跃

文化艺术出版社

图书在版编目（CIP）数据

故人往事/梁晓声著.—北京：文化艺术出版社，2014.12
ISBN 978-7-5039-5896-0

Ⅰ.①故… Ⅱ.①梁… Ⅲ.①散文集—中国—当代
Ⅳ.①I267

中国版本图书馆CIP数据核字（2014）第249349号

故人往事

著　者	梁晓声
责任编辑	董　耘
装帧设计	顾　紫
出版发行	文化艺术出版社
地　址	北京市东城区东四八条52号（100700）
网　址	www.whyscbs.com
电子邮箱	whysbooks@263.net
电　话	（010）84057666（总编室）　84057667（办公室）
	84057691—84057699（发行部）
传　真	（010）84057660（总编室）　84057670（办公室）
	84057690（发行部）
经　销	新华书店
印　刷	国英印务有限公司
版　次	2015年1月第1版
印　次	2015年1月第1次印刷
开　本	787毫米×1092毫米　1/32
印　张	8.25
字　数	130千字
书　号	ISBN 978-7-5039-5896-0
定　价	29.80元

版权所有，侵权必究。印装错误，随时调换。

书·作者·编辑与出版社

梁晓声

我很高兴文化艺术出版社也为我出版这套小开本的书。

自然,同时希望读者喜欢。

依我想来,书与它的作者的关系,很像厨师与自己烹饪的菜肴的关系,不必道道非得是所谓奇馐珍味,但一定要确保那是健康食品。至于用什么样式的盘子端在方的或圆的桌上,交由编辑们去考虑可也。

依我想来,书与它的读者的关系,很像公园与游人的关系。某些人之所以常去某一公园,往往因为心性欲寻一处静好的环境,于是远离浮躁,呼吸着清新的空气,思索点儿什么平日无暇思索的事情。

好书是千般百种的,但有一类书永远在好书之例,便是能通过文字洗涤人心灵的书。

我认为当今之中国人,十之八九的心灵是需要以好书来洗涤的，只不过许多人还没太明白自己很需要那样——于是反而以习惯于找乐子找刺激的眼来看待书，倘从书中看到了便大获满足，以为那才是好书。一个简单的问题乃是——在今天，您如果想找乐子找刺激，别处找去不是更能大获满足吗？

依我想来，作者与编辑与出版社的关系，如同花草树木与园丁与公园负责人的关系——作者本身是花草树木，将什么样的花草树木引入园中并将之栽培好以供游人欣赏是园丁的事，而公园负责人的使命在于使园中的植物种类多些，再多些，尽可能呈现百花齐放的局面。

归根结底，人类仍需要书，乃因书依然是有益于人心向好，社会向好的精神眷爱物。

故，为了有益于人心向好、社会向好、批判假丑恶的书的作者，内心里对真善美应具有比一般人更敏感、更诚挚的追求与奉献自觉。

而作者内心里有与没有是不难通过书来判断的。

好编辑有此眼光。

好的出版社负责人也必然有此判断水平。

目 录

一个有恩于我的人 \ 1

伊人如凤　俊友如斯 \ 31

我的第一位责任编辑 \ 38

故人往事 \ 46

巴金的启示 \ 57

沉思鲁迅 \ 65

沉思闻一多 \ 80

未死的沙威 \ 87

教授之死 \ 97

老茶农和他的女儿 \ 128

看自行车的女人 \ 139

王妈妈印象 \ 147

玻璃匠和他的儿子 \ 161

老　妪 \ 170

瘦老头 \ 173

怀念赵大爷 \ 194

朱师傅一家 \ 198

这个女人不寻常 \ 207

小垃圾女 \ 215

戴橘色套袖的人 \ 223

演员与看客 \ 230

一个有恩于我的人

虽然,我已经60余岁了,但对于黄宗英,我还是得称前辈。因为她今年已经88岁,长我二十四五岁呢。事实上,"前辈"这一种称谓相当中国化。即使在我们中国,也相当的古代,还多少具有点儿江湖意味。在当下生活中,我们已不太听得到"前辈"这一称谓了,似乎只有在武侠片中还听得到。据说网上挺流行,也同样只不过出现在网络上的后武侠小说中。并且,网络本就是很江湖气的地方,十之七八的网主们的名字,不论男女,也都挺江湖气的。

我和黄宗英都是中国文坛上的人。以我的个人感觉而论,亦觉中国之文坛,往往也江湖气弥漫。倒不是由于文坛上一向的是是非非给我以江湖气浓的感觉,实际上外国之文坛,比如西方吧,也每是风生水起、是非频发的,但却并不给我以江湖气浓的印象。为什么我们中国之文坛,给我以江湖气浓的感觉呢?大约是由于我们中国之文坛拉帮结派,形成团伙的风气较盛的缘故吧？除了这一缘故，还有另外的因素吗？肯定是有的。那又是些什么因素呢？我还没想清楚，此不赘述。

但我犹豫再三，决定在此文中及文内称黄宗英为前辈，并不意味着我对具有中国古代特色的称谓情有独钟，更不意味着我对中国文坛之江湖气很认同。恰恰相反，我嫌厌任何所在的江湖气，也从未属于过任何或大或小的"圈子"。

我称黄宗英为前辈，只因一点，她年长于我不是几岁、十几岁，而是二十四五岁。如果她是男性，我当按中国习惯称她为"黄老"，或"宗英老"。但她是女性，并且我了解，她有一颗永远年轻的心。那样一颗心即使某一天停止了跳动，前一分钟也必定还是年轻着的；所以我不愿在对她的称谓之中加入"老"字。事实上，此前不论当面或背后，我一向是称她"宗英老师"的。那么，在这一篇短文的题目中和文内，一如既往地称她为"宗英老师"，岂不是更亲近吗？那是的。但我内心里，对她始终是怀有很深厚的感恩情结的，而我写此文所要表达的，正是那种随着时间的推移竟变得越来越难以忘却的感恩情结。我怕亲切抵消了感恩。即使仅仅抵消了一部分，那也是违背我写此文之初衷的。我读某些具有感恩色彩的文章，包括那些和我这篇文章的初衷一样的文章,每使我产生一种变味的印象,就是由于称呼似乎太亲近了,写到后来,感恩的元素少了,亲近的成分多了,结果感恩被亲近所稀释,仿佛便更是一篇记录友情的文章了。何况,尽管黄宗英前辈每次见到我,对我的态度无疑是亲近的,见面也无疑令她感到高兴,但若论到友情的话,其实我们之间反而并没什么值得书写的内容。

真的是这样。

前辈黄宗英,她是一个有恩于我的人。

我写此文之目的,也完全是为了以记录性文章的方式来公开表达我对她的感恩。

我在"文革"前就知道黄宗英的大名了。她的报告文学《小丫扛大旗》,当年在收音机里广播过。我家没有收音机,我是从中学同学家的收音机里听到的,当时给我以特别满足的语言享受。是一位女朗读员朗读的,她的声音圆润而豁亮,仿佛唱着歌的泉水从山涧流淌而过,携带着悠扬的回声。以现在的美文标准来看,《小丫扛大旗》的文学并不能算极好。但在当年,女报告文学作家凤毛麟角,黄宗英又是演员出身的报告文学作家,长期浸淫于电影界,置身于上影厂这一特殊的文艺单位,经常接触皆有丰富经验的导演、演员们;再加上她善于观察生活的一双慧眼,几乎可以说天生地从生活中捕捉细节的能力；她自己坦率、快乐的性格，发自内心的以赞颂时代先进人物和先进事迹为己任的使命感，等等因素，使她极善于将笔下人物写得"活起来"的同时，也极善于营造弥漫在字里行间的生活气息。她写一篇报告文学如同导演在执导一部电影。她笔下的人物，不分主次，一概都能恰到好处地在她的报告文学作品中凸显角色的作用和魅力。当年，中国的收音机里，最经常播出的是根据革命题材的长篇小说改编的评书。那些评书更偏重的是故事，对文字之感染力是不太在意的。

总而言之，《小丫扛大旗》使我这一名中学生第一次领略了生动活泼的文字被女性好听的声音所朗读的美感。

我便记住了"黄宗英"这个名字。

但是我后来成为"上山下乡"运动中的一名知识青年，与《小丫扛大旗》这一篇赞颂中国最早的一批下乡知识青年的报告文学没一点儿关系。

后来我初中毕业了。

后来"文革"开始了。

在1967年的冬季，哈尔滨市的某电影院，连续几天放映"反动电影"，曰"批判观看"。是由哈市几所大学的"造反派"们发起组织的放映，某几所重点中学的"革命师生"也得到了一些票。我所在的第二十九中学是一所普通中学,但那一年我与一名三中的高三男生成了朋友。三中是重点中学,他是"红五类",由他给过我几次票,于是我得以看到了几部以前不曾看过的电影,包括赵丹主演的《十字街头》、《武训传》、《林则徐》、《李时珍》。

我至今认为赵丹主演的《林则徐》、《李时珍》,演技炉火纯青。这两部电影中,他主演的林则徐尤见功力。并且一直认为,以后不论再拍多少次《林则徐》,"赵丹化"的林则徐恐怕无人可以企及了。我也至今特别喜欢《十字街头》,觉得那一部电影中的赵丹,大演员的天赋已被他充分证明。那时的他,其实身上已兼具卓别林式的黑色又温暖的幽默和金·凯利式的即兴表演的机智。可我当年却并不喜欢《武训传》,至今也还是喜欢不起来。武训这个真实的历史人物办义学的极虔诚、极执着的愿望自然是无私的、可敬的、令人感动的。但他所实行的向富人"集资"和募捐的方式,就是不惜以自身为"靶"供人羞辱,"打一拳三个钱,踢一脚五个钱"的方式,对于受西方文学影响特深、人格尊严意识特强的我,是实难认同的。

那一年我已知道黄宗英是赵丹的夫人。

三中的朋友问我愿不愿写一篇批判赵丹主演的电

影的文章,写了就能收在几所大学的联合主办的大批判文集中。但我印象中的赵丹,用《列宁在十月》中高尔基对列宁说的话来说,是"一个好人"。这是我对赵丹所演角色的印象。

我反问:你怎么不写?

他说:我是理科生啊,不感兴趣。

我说:那么优秀的几部电影,有什么可批判的呢?

他也反问:你不是不怎么喜欢《武训传》吗?

我说:一个人不喜欢的文艺作品,评论是一种权利。但动辄乱扣"反动"大帽子地进行批判,并且剥夺被批判者的辩论权利,这样的批判不就等于是迫害吗?

他说:你又何必太认真呢。多你一个人的批判文章,少你一个人的批判文章,其实对于赵丹的命运都没什么影响了。但是对我们俩却有一点好处,我们就有资格再多看几部电影了,许多电影我们以后也许永远都看不到了!

他的话很代表了当年之中国一些确实挺好的人的想法——多我一个人参与少我一个人参与,多我一句口号少我一句口号,多我一张大字报少我一张大字报,反正对已被划入"另册"的人的命运不起任何作用了,于是对自己的参与首先自行地宽恕了。倘还有一点点个人好处,则更是"盲从无罪"了。在"文革"初期，我也是这么想的。不久，我所读过的那些书便提醒我——好人被利用了参与迫害别人，即不但是被迫害者的大悲哀，同时也是好人们的大悲哀。

故我对我的好人朋友说：你我互为朋友，是因为我们都认为对方是好人，对吧？那就让我们把好人做得再好一点点，而别在乎以后看不到某些电影了吧！……

一年后，我下乡了。

黄宗英也罢，赵丹也罢，在我的头脑中，渐渐地不留任何记忆痕迹了。

大约是1973年，我到佳木斯去参加兵团总司令部文艺处举办的文学创作学习班，听说黄宗英由周总理亲自点名予以"解放"，并在哈尔滨观看"全省青年诗歌朗诵会"。我们文学创作学习班的几名知青，发起了对学习班组织者的建议——将黄宗英请到佳木斯来，与我们文学创作学习班的知青们交流交流创作体会和经验。这自然也是我所希望的事，所以我对那建议表现得格外支持。学习班的组织者崔长勇是我们共同的"好大哥"，我们的建议正中他下怀。但那也得向上级请示啊！政治部的批复很快，大意是——黄宗英既然是周总理亲自点名予以"解放"的，但请无妨。"好大哥"特高兴，欲亲自到哈尔滨去请黄宗英。却随之传来了令我们震惊的情况——她被省革委会的干部从哈尔滨驱逐走了,并且还被扣上了一项新的罪名——企图靠昔日名气用资产阶级文艺思想影响文艺青年,实行反革命串联……

革命热情澎湃洋溢的《小丫扛大旗》的作者,头脑中会有什么"资产阶级文艺思想"呢?

我们不禁地都愤愤不平起来。

"好大哥"居然信誓旦旦地表示——早晚有一天,会想办法将赵桔调到兵团来,并且要尽早满足其入团愿望。但他这种决定直至"文革"结束也没实现,而赵桔在东北下乡九年也终究还是没入得了团。此是后话。

以上听来的情况,促使我做出过一件既郑重又特不"明智"的事。

1974年我入复旦大学前两天,仍在木材加工厂做出料工,那是比抬木头更累的活儿。我可以不干活儿了,录取通知书已发给我了,按规定我享有几天准备行程的时间。我却觉得自己是个幸运者,一心想用坚持劳动到最后一天来抵消一些别的知青对我的羡慕。两天后就将离开北大荒了,我决定为某些知青作最后一次代言。于是前两天的晚上,我独自坐在食堂里,给连队团支部、党支部写了一封信,并要求将信转送团里。那是一封谈我对发展知青入团入党的组织路线之意见的信。我的信指出——在有些人的头脑中,"重在表现"四个字,几乎不起作用,他们对于那些家庭出身"有问题"或父母在历次政治运动中被打入"另册"的知青,其实实行的是发展路线上的"关门主义"。还举了赵桔的例子,写下了这样一句话:"难道用多年的艰苦劳动和青春岁月,还换不来一枚团徽吗?"而实际上,所谓"关门主义"并不表现在我们木材加工厂,因为在木材加工厂,担任团支部组织委员和宣传委员的,恰恰便是两名家庭出身属于"剥削阶级"的天津知识青年。在我曾经当过班长和小学教师的老连队,实行的也是"重在表现"。进言之,在能入团或不能入团这件事上,赵桔的例子具有较多特殊性。我明知此点而举她这名并不属于兵团的知青为例,委实是有些蛇口蜂针的。我的动念,确乎也主要是为她那样的知青们一鸣不平而已。(三十几年后,木材厂的两名天津知青非将我请到天津去做客不可。我去了,他俩在招待我的饭桌上对我说:你幸亏走得及时,晚一天你就去不成复旦了。当年我们觉得你那封信的思想老反动了。你虽然走了,我们还是将信的反动思想批判了一通,并且要求团里严肃处理。你居然顺利地成为复旦的学生,证明当年团里有人暗保了你一下啊! 我于是明白,他俩非把我请到天津不可,是要当面道歉。而我却早已将那事忘了。我在木材厂时与他二人关系良好，我的信肯定使他俩当年大为其难了，他们除了那么做显然也没有另外更"正确"的做法，于是互相举杯一撞，皆释怀而笑。再后来我在创作电视剧《知青》时，自己当年写的那一封信，成了剧本中的情节。）

我在复旦的三年，自然是思想孤独而苦闷的三年。那三年里，所知"四人帮"迫害知识分子和文艺人士之事更多，反而又将黄宗英、赵丹、赵桔这一家三口人的名字忘了。

1976年，"四人帮"被"粉碎"了，"文革"结束了。

1977年5月，上海以极大的动作召开纪念毛泽东《在延安文艺座谈会上的讲话》发表三十五周年。如今想来，那般隆重地予以纪念，用心可谓良苦。那应该说是一次被打入"另册"的上海文艺界人士的集体大亮相。也许是由于应该参加的人数太多，复旦大学仅获得一个名额。名额自然给在了中文系，而中文系居然将名额给在了我这名7月份就将毕业的学生头上。由此可见，当年大学母校的老师们是多么地厚爱我！

纪念会共开三天，我所分在的一个组，组长是茹志鹃老师（当年我才30余岁，自然称她老师。现在我60余岁了，她已驾鹤西去，那么我就同样在此文中称她先辈吧。她也是有恩于我的人。此不赘述，当另记之。），副组长是黄宗英，而我是召集人兼书记员，即负责记录整理发言的人。至于组员，不得了——巴金、黄佐临、吴强、师陀、施蛰存……共十一二人，每一个名字都令我肃然起敬。

那时我一再想到了"缘"这个字。黄宗英这个数次在我头脑中留下深刻印象，又一次次被我忘记的名字，忽一日与我自己的名字印在同一页纸上，而且都成了对一次大会负有小组责任的人！不是"缘"的话，我这个东北知青，又怎么能在上海与黄宗英并肩而坐呢？真的，三天的小组讨论中，只要她到了，必定与我并肩而坐——因为我和她和菇志鹃先辈三个人的座位是不变的。

第一天上午，黄宗英没到，下午才出现在组里，看了组员名单才知道自己是副组长。她在外地深入生活，接到通知赶回来的。她说自己回到家里换了一身衣裳就来了，而她穿的是一身旧衣裤，脚上也是一双旧的、许久没打过油的平底皮鞋。她衣着朴素得令我暗暗讶异。虽然菇志鹃的衣着也是极朴素的，但并未使我讶异，反而觉得她就该是那样的。一想到赵丹此时还没被公开'平反"，我的讶异也就转瞬即消了。她和菇志鹃坐在一起——都像50年代初期的女工会干部，将工会工作当成全心全意为工人阶级服务之使命的女工会干部,不善于搞阶级斗争并且还希望能搞好阶级调和的那么两位女工会干部。我有这么一种印象乃是因为,她们的面相都是那么善良,而我相信"相由心生"。

当年的黄宗英挺"壮实",身材颇似60年代的马玉涛。60年代后的马玉涛开始发福了。我知道她们以前的身材是很苗条的,我猜得到黄宗英变得"壮实"了肯定与多年参加体力劳动有关。

然而她的面容依然漂亮,依然具有曾被称为"甜姐"的俊美线条。她发过几次言。显然的,每次发言前都有满腹想说的话。但真开口了,似乎又不想多说什么了。所以她每次的发言其实又很短,并且每次都出人意料地戛然而止。我注意到,她每次发言时,总有人向她传递暗示的目光——说几句就行了。一接触到那种友善的目光,她就很懂事地赶紧再说三言两语结束了发言。

是的,那时的她极像一个童言无忌又特别喜欢表达内心思想感情的孩子。因为懂事,所以在被对她友爱的大人们以目光制止时,便立刻装成沉默寡言的样子。我想那时的她内心里一定是隐觉委屈的。

看着我所崇拜的人那样子我的心情也颇觉压抑。

她每次发言的内容,也只不过是在一次次强调,自己是多么愿意用文艺为工农兵服务而已。那显然是她真诚的想法,但又显然不是她唯一真诚的想法。她分明很想说出另外某些同样真诚的想法,特别是在那么一次纪念会上,当着那么多老朋友的面,而且是在粉碎了"四人帮"以后。

也分明的——老朋友们认为那是不明智的,甚至还是冒失的。

第一天的讨论气氛特沉闷。主持会议的菇志鹃肯定不是善于启发别人发言的人,并且我看出,她也不打算那么做。和黄宗英一样,她也是前一天从深入生活的外地赶回上海的。正因为气氛沉闷,黄宗英才发了一次言又发一次言,我看得出她很希望自己能使气氛活跃起来。

作为书记员的我几乎无可记录,只得一段段读《讲话》原文以及文件材料。我内心里对那种沉闷倒反而挺欣赏。人们只是在中午吃饭时、晚上分别时,话才多起来。嘘寒问暖,互道珍重,情形动人。吃饭时,黄宗英很主动地替这位盛汤,为那位添饭。在众人中,除了我,按年龄论她是小字辈,年长于她的那些男士们,对她的服务都很受用。那时的黄宗英显得很快乐,并且希望以自己的快乐使大家也快乐起来。她的快乐也只不过就是一种表情现象。没人开玩笑,她也不。人们的话也只不过局限于互相询问亲人及儿女的情况。没人问黄宗英、赵丹的情况,显然都不愿影响她的快乐。

第二天上午是大会发言——有人在发言中又批判了《百合花》,认为不管到任何时候,《百合花》的创作倾向都是不符合《讲话》精神的。也有人批判了《小丫扛大旗》,认为所谓"生活气息"抵消了"突出政治思想"……

下午的讨论就更沉闷了。作为组长的茹志鹃和副组长的黄宗英,都不知自己该说什么好了。

我按捺不住发了一次言。我的发言自然是对大会发言中的批判所进行的批判,冷嘲热讽,出言极不客气。前辈们起初皆怔愕,继而望着我的目光里都流露着赞同了。

第三天的中午饭是会议期间的最后一次饭,我与黄宗英前辈配合着替大家加饭、添汤。巴金老居然询问我的经历,菇志鹃替我回答了几句。巴金老没听清,黄佐临替菇志鹃重复了一遍。我说在上海杂技学馆,我与黄小芹成为了朋友,黄佐临听了很高兴。

黄宗英问我:"从农场往兵团调有可能吗?"

我明白她那时想到了女儿赵桔。

我将当年"好大哥"崔长勇信誓旦旦的话转述给她听,她极欣慰,说希望女儿赵桔成为兵团战士,是因为兵团比农场更重视培养知青的文艺爱好,而赵桔也自幼热爱文艺。

1977年的5月,谁都不敢梦想,中国还有知识青年返城的那一天!

散会前我向菇志鹃和黄宗英两位组长、副组长要联络方式,她俩都高兴地亲笔给我写下了,并都说欢迎我去她们的家。

回到复旦,同学们听说我与那么多文艺大家分在一个组开了三天会,无不羡慕至极。

有同学说,7月份就要毕业了,既然你认为他们对你都很友好,干吗不请一位到复旦来与咱们中文系创作专业的同学座谈一次,介绍介绍创作经验啊?

我想,可也是,为什么不呢?

我说巴金老是沉默寡言的人,我们不为难他。菇志鹃老师又回深入生活的地方了,一时联系不上……

大家立刻明白了我的意思,异口同声地主张:请黄宗英!请黄宗英!

于是就有了黄宗英1977年6月在复旦大学的一次文学创作讲座。我在《从复旦到北影》中有所记录,此不赘述。也因她亲笔写给我的一张"便条",我分配到北影后成了黄宗英家的熟客,并与她成为忘年交。

我要补充的是——大约二三年后,她与赵丹二人应北影厂厂长汪洋之约入住北影招待所,准备主演电影《周恩来》。我自然要去看望她的。他们的房间访客不断,无不是文化界名人。我虽年轻,当年却矜持得很,故也只去看望过一次。他们夫妇二人都对当年黑龙江生产建设兵团之知青们的情况有了解的意愿,我正向他们讲述着,厂长汪洋来了,说要请他们去参观摄影棚。汪洋看着我,颇觉奇怪,问他们我是谁?那时我虽已分配到北影编导室了,却还没与汪洋近距离对望过。

赵丹说:他是宗英的学生。

汪洋更加奇怪,又问黄宗英:你什么时候收起表演弟子了?

黄宗英笑道:我又不是只会演戏!他是我文学创作方面的学生不行吗?你太官僚了吧,他早已是你们北影的人了呀!

我将自己怎么认识黄宗英的过程用简短的话告诉了汪洋。黄宗英接着说:听过我的讲座,当然算是我的学生了!

汪洋问我:有收获吗?

我肯定地回答:有。

汪洋也笑道:那就算是了吧。

黄宗英又表扬地说:他可是好青年,有独立思想,十年中没跟着闹过。

于是汪洋说：那你就一块儿陪着参观摄影棚吧。

当年的北影，虽然是电影界名人经常出入之地，但只要黄宗英、赵丹夫妇的身影一出现，必定是更吸引人们眼球的一道风景。

参观摄影棚的黄宗英和赵丹，有以汪洋为首的北影的一干人等，包括北影的导演大师们和著名演员们相陪。但紧随他们夫妇左右的却只有一男一女。女的是一位穿军装的、身材高挑窈窕的美女顾永菲，男的便是我。顾永菲的伯父是上海电影当然便也是中国电影的先驱人物顾尔已，在汪洋们那一代电影人中老友多多，与赵丹、汪洋更是交情深厚，非同一般。她当年是新疆军区文工团的话剧演员，她父亲顾尔谭是南京文学界的名人。所以对于她紧随在黄宗英、赵丹夫妇一侧，没有谁好奇。不知她是谁的，或许起初也是有几分奇怪的。但悄悄一问，知道了，就不奇怪了。

我却引起了几乎每个人的奇怪。

知道我是分到编导室的"工农兵学员"的奇怪，不知道的更奇怪。我并不习惯被些奇怪的目光投注到身上，一有机会就自我边缘化。偏偏的，汪洋却比黄宗英更关注我的存在与否，隔会儿就四顾着大声说："小梁哪儿去了，过来过来，学生不是白当的，前边来前边来!陪就得有个陪的样子,得形影不离!……"

他那天很高兴,所以总开我玩笑。

而这便引起更多的奇怪了——人们一时搞不清楚我究竟是赵丹的学生还是黄宗英的学生,以及究竟是何种关系的一个"学生"。

结果参观的全过程中,我也很吸引眼球。

那一天以后,我在北影有了不小的知名度,许多人都知道编导室有一个叫梁晓声的最年轻的剧本编辑是黄宗英和赵丹的学生了。

我显得挺神秘起来,正所谓大沾名人之光。

有一天我在厂内的路上遇见了汪洋,他主动驻足,对我说看了我的档案,我档案中有"保持独立思想,与'四人帮'作过斗争"一条鉴定语。那是我自己也知道的,是我在大学毕业前,老师和同学们共同为我作出的一条鉴定,并且当我的面读给我听过——那实在是一条过誉性的表扬语罢了。

然而汪洋看得很重要。

他赏识地说:很好,很好。你配是黄宗英的学生,我也完全相信她的话了。努力工作,遇到了什么不开心的事别写信向她求助,直接找我。

他们那一代电影人,对"四人帮"痛恨极深。"文革"中眼见自己的知交良友一个个受尽迫害,内心里是很疼的。故"好青年"在他们那儿是另有所指的。

后来我成了获奖作家。

后来迋洋接待外宾时,每吩咐厂办的人:将编导室的小梁找来陪外宾。

若有外宾是知道赵丹的,向他问起我与赵丹的关系,他每每指着我说:他是赵丹的夫人黄宗英的学生,著名作家!

后来我到江苏去组稿,竟可直接找到顾尔谭先辈相助。因为我是黄宗英的"学生",自然也就有资格称顾永菲"永菲姐"了。都可以称她姐了,上门去求她的父亲,便似乎是不必见外之事了。顾尔谭先辈也确实没拿我当外人,有次还邀了陆文夫、高晓声两位先辈与我畅谈北京文坛的风云变幻,并在一家雅静的小酒店设宴款待我。他们当年可都是长我二十多岁的人,实在是分外抬举我。

后来黄宗英每出新书必邮寄给我一本,扉页写着"晓声弟子存念"。

而我,收到也就收到了,却从不曾回一封短信相告。那还不是家家都有电话的时代,更不是如今这种几乎人人有手机、有网址的时代。若是,我肯定也是会相告的。但即使有以上理由,连一封短信都不曾复过,情理上是怎么也说不过去的。

赵丹逝世了，我居然没写过一篇悼念他的文章。当年好几次，我陪他和黄宗英在北影大食堂的一张饭桌上吃过早餐。要写，是有些内容可写的。当然没写也能找到理由——因为赵丹临终前对文艺领导者们提了点儿中肯的意见，怀念他的文章是无处可发的。但我起码可以给黄宗英写一封信以表达哀思，居然也没有，理由我是至今也找不到的。其实最根本的原因是，那时我觉得自己也是个人物了，唯恐有攀名流之嫌。为避小嫌而失大义，这真是有点儿俗啊！

赵丹画展举办的时间、地点我是预先就知道了的，也没去表达支持。而且当年的我还挺郁闷，觉得黄宗英这位老师居然没寄给我这名"弟子"一份请柬，实在是她太不应该。而实际情况是，她顶着极大的压力才办成了画展。极度悲痛而又缺乏经验的她，为了不使北影的老友们陷入去也不便不去不好的两难之境，根本就没向几个北影人发出通知。

黄宗江也去世了。他的遗嘱是不开追悼会，我过后才知道。悲痛是悲痛的。哀思是有的。也曾想以文悼念，但拖延数日后，哀与思便淡去了。

直至去年在中国散文年会见到了八一厂的翟俊杰兄，几句交谈后，不约而同地都回忆起了黄宗江，关心起了黄宗英。

他听我说我已近二十年不知黄宗英的情况了，大为诧异，连呼："不应该不应该，你可太不应该了！在你这一代人中，黄宗英以弟子相称的，据我所知，唯你梁晓声一人啊！"

我顿时无言以对，继而无颜以对。

他告诉我黄宗英生病了，身体情况大为不好。

我心一怆。

那日回到家中，翟俊杰兄的责备之语不绝于耳。

我默问自己：梁晓声，你何时变得如此人情淡薄了？又为什么会变成了这样？

为什么呢？

我不能不严肃地剖析我自己，所得结论便是——当我在文坛这个江湖上的浮名渐大后，开始认为，三十多年前的那些细琐之事，其实没有特别值得铭记不忘的意义了。

但为什么三十多年前，我会在《从复旦到北影》一文中满怀真情地予以记录呢？

因为那时我刚刚大学毕业；因为那时我只身来到完全陌生的北京无亲无友备觉孤独；因为那时的我默默无闻像植物需要阳光和水分一样，需要被关注、关怀。每一句良好的评价，对我都是人世间的一份温暖。所以我珍惜。所以我认为有铭记不忘的意义。

而说到意义,难道人世间的温暖,比如可敬长者与年轻人之间的忘年友谊;比如他们对年轻人的一句良好评价;比如他们靠他们的正面影响力为年轻人的工作、事业之顺利所尽的善意促进,难道这一切仅在一个年轻人默默无闻且特别需要时才有意义吗?难道当这个年轻人后来有了名气了,不需要被关注,也不在乎被不被别人关怀了,一切就变得没有什么意义了、不值得铭记不忘了吗?

我对自己的剖析使我自己羞愧难当,也万分内疚。

几天后,我给黄海涛也就是黄宗洛之子发了一条短信,表达了我想去上海探望黄宗英前辈的意愿。我们是偶尔还见得着的,他知道我与黄家当年的亲近关系,一向称我为兄。

他回短信说:我小姨会非常高兴的,并给了我他唯一在上海的表弟赵劲的手机号。

赵劲我也是认识的。但最后一次见面也是十几年前的事了。

我竟没有勇气与他通话,也发短信表达意愿。

他隔日回短信说:晓声哥,我妈妈会特别高兴的,快来吧。

一称我"兄",一称我"哥";一言"非常高兴",一言"特别高兴",这才使我终于打消了种种顾虑。

8月，我应邀参加上海书展，于是提前一天前往。预先向接待方声明，第二天上午的时间绝对是属于我个人的，无须任何人相陪，也不许任何事侵占时间。

十点左右，我提着一个果篮，准时站在了称我"弟子"三十多年的黄宗英的病房门旁。小弟赵劲说他十一点到，为的是给我这个他妈妈的"弟子"和他妈妈一小时单独交谈的时间。恰巧受雇照顾她的阿姨走出，我问方便进入探望吗？阿姨说她已在等我了。

88岁了的、我三十多年前称为"老师"的黄宗英，端坐在一把椅子上，面前是一张桌面两平方尺左右的小餐桌，旁边是一张空椅子，那显然是留给我坐的。亮堂堂的阳光洒满病房，照耀在她身上。那一间病房不是她一个人住的单间，还有一张病床，其上卧着一位70来岁的阿婆。两张病床之间有帘子，半拉开着，将病房一分为二。椅子很小，类似小学校教室里的那一种。供大人坐，实在是不能再小了。而那小餐桌，若摆上两只盘子、一只碗后，再就摆不下别的什么了。病房的空间有限，两张病床是必不可少的，在剩余的空间里，便几乎只能摆下那种小椅子和小餐桌了。却有电视，开着，肯定是为了照顾我和她的交谈，在看电视的阿婆把电视调到了静音状态。

我说："宗英老师，您气色很好。"

她笑了。

我放下果篮,坐在了她旁边。

她说:"何必还带水果呢?"

她气色确实很好,也许因为住院久了,面容特别白皙,然而嘴唇却极红润,如婴儿的唇。她的头发已经全白了,在阳光下白得圣洁。我曾听翟俊杰说,每次接待客人之前,她必定是要化一番淡妆的。这符合她的待人原则,体现着待人细节和对人的尊敬。然而我看出那日她并没化妆,以素面见我,证明她并没将我视为访客。她穿的却并非病服,而是一身完全可以在面对公众的场合出现的正式装。

我说不好意思空手来,也不知她爱吃哪种水果,就随意选了几种。

她说她几乎仍喜欢吃一切水果。

见我放在果篮旁的纸袋里有几本厚厚的书,她问:"是你的书吗?"

我说:"是。已经签上了名,要送给赵劲。"

她说:"为什么是送给赵劲的,不是送给我的呢?我比他爱看书。"

我说:"您应该少看书,看书久了也会伤神,不利于养病。"

她说:"我们这种人几天不看书,会活得找不着北的,是不?"

我不禁地笑了。

她居然向我伸出一只手,我明白是在要袋里的书,遂劝道:"这几本书都太厚,还是不留下吧。"

她却认真地说:"你的作品,并且都带来了,怎么可以不留下给我看?我先看,赵劲后看。我从不嫌书厚。"

我只得将书取出递给她,而她一一接过,摞在床头。我觉得,我一走,她就会拿起一本看的。几本书中有上、下集的《知青》,我向她讲起了关于《知青》之创作、播出的一波三折以及引起的讨论、争议。

我问:"文学是人学,您怎么理解呢?"

她不假思索地说:"人性之学。"

于是我们讨论起文学、文化与人与社会之诸关系来。两张病床之间的布帘被一只手一挑,另一张床上的阿婆欠身向我们望过来。

黄宗英扭头笑问:"没影响您吧?"

阿婆笑道:"你们文化人脑壳里装的事体可真多。"

一句话使我和宗英老师都笑了。

我认为,归根结底,文学及文化应引领人性向善,再向善,永远向善,这种文学对于缺乏宗教信仰的国人尤其重要。

她点头同意我的看法,随即说:"我正是这么一路写过来的。现在也仍每天写几页。"

这使我惊讶,问:"这里怎么写呢?"

她说:"将那块硬板垫在膝上写。"——她的枕下,露出半块薄薄的合成板。

我说:"会得颈椎病的。"

她说:"反正已经得了,我前不久在《新民晚报》开了专栏。"

我问有没有报,想看。

她说没保留报,因为已经出书了。

我说:"那您可得记着让赵劲给我一本。"

她说:"这就有。"——让阿姨从小柜里给我找出了一本。

这时赵劲提前来了,递给她一支笔,替我说:"那得给晓声哥签上您的名。"

她说:"不用这支笔。"

于是阿姨递给她一支便携毛笔。

她出版的新书的书名是《百衲衣》,她用便携毛笔为我签下了一行字是"晓声贤弟存念"。我接过一看,笑道:"怎么弟子又变成了贤弟呢,我和赵劲他们是平辈呀,今后赵劲岂不是不能叫我晓声哥了?"

她一时孩子般地无措起来,默默地不知如何是好地笑。

赵劲问:"妈,你还有手稿没有?"

她指指窗台。

赵劲便从厚厚一摞报刊中翻戈出了几份手稿,比来比去,最后选中了一份,扭头对我说:"哥,你就要这份吧!你看这份品相多好,你当然得保存一份我妈的手稿!"

他的话令我心一揪。

当着88岁的前辈的我觉得是不可以那么说的,即使是儿子。我暗暗捅了他一下,转身看我的"老师",她却仍平静地笑,伸手要那份手稿。接过后,将我的一本书垫在膝上,又写下了一行字是——"晓声小友留念"。落款"宗英阿姨"。

我从没那么称呼过她。在她88岁、我63岁的那一天,在一家普通医院的一间普通病房里,她将"宗英阿姨"四个字连同自己的一份手稿送给了我。

为的是"留念"。

而那一刻我心亦揪亦暖。

她那篇短文的题目是《快乐的我》。

抄如下:

  我每天早起,刷牙,洗脸,然后对着大镜子

微笑,露齿大笑。以笑开始新的一天。

我有四乐。

第一乐:自得其乐。我1925年生,好容易活到快88岁了。可以读书、看报,也可以写写。最近刚写完一万八千字的简略自传,还可以勉强自理生活,不简单啊!我怎么能不乐呢?

第二乐:相比着乐。我不跟比我强的比,单跟比我差的比,我还没痴呆。还能自己在室内走走,还能看懂不知说什么的电视连续剧。还有朋友来和我谈五湖四海六大洲的事。我怎能不快乐呢?

第三乐:助人为乐。这道理再明白不过。且从略。

第四乐:超然的快乐。每个人都知道自己呱呱坠地的生日;每个人都算不出自己离开世界的日子。算不出,就不算。超然地活着,快快乐乐地活着。若临终尚有意识,我要笑着告别人间。

手稿仅一页半字迹,一字一格,除第二页有两处因添句而作了勾线外,无涂改。赵劲小弟说它品相好,果然是的。我一接在手中,立刻看了起来。而"宗英阿姨"也拿起我的一本书翻看。

那时病房里是极安静的了。

我看罢,感慨多多。已近中午,洒入病房的阳光更耀眼了。我抬头望她,见她置身于阳光中,低头看着我的书,满头白发熠熠生辉,仿佛她本身也在发光。我觉得那时的她,美丽极了。

在一家普通医院的普通双人病房里;在连一张小小的足以铺开稿纸的写字桌都没有的环境中;在经常面对陌生住院人的情况下,她居然能保持良好的心态读书、写作,以88岁的年龄而言,我觉得她活出了格外令我大起敬意的诗性。

我说:"宗英老师……"

她抬头看我,笑道:"不打算改口叫阿姨吗?"

我也笑了,表示应该告辞了。

她说:"快开饭了,你俩不走,护士会往外请你俩的。"

赵劲看一眼手表,惊呼:"哎呀,怎么十一点半多了!"

我便起身,对她点一下头。

她也微笑着对我点一下头。

当我和赵劲走到病房门口,我站住了,不由得回头望她。

她也正望着我,依然微笑,举起一只手,摆了摆。

我说:"以后我会每年都来上海看您。"

她说:"文学是人性之学,好的文学是好的人性之学,这更是文学的永恒主题,我希望你坚持这样的创作道路。"

我心中一暖,眼中一热。

老师也罢,前辈也罢,阿姨也罢;弟子也罢,贤弟也罢,小友也罢,总之那一个上午我寻找回了一种人世间的真情,并领悟了它的意义。而且,从88岁了的黄宗英身上,学到了宝贵的"知"、"识"。

在马路上,赵劲小弟对我说:"晓声哥你知道不,我和妈妈对你的名字可是一直感到亲近的。"

我说:"我现在知道了。"

停顿一下,又说:"小弟,今后你遇到了什么困难,不要忘了你还有一个晓声哥。可以告诉我的,千万告诉我,不许自己默默承担。"

我这么说是因为我了解……在上海,黄宗英身边的依靠便是赵劲。

我和他,两个老大不小的男人,不由得当街拥抱了一下。

那时我对人世间满怀温情……

/伊人如凤 俊友如斯/

笔下写的是凤子。

凤子原名封季壬,委实不多之姓,很"男士",也很古气的名。她在中学时代就开始参加话剧演出,1932年考入上海复旦大学中文系;1934年成为"复旦剧社"的主要成员。

她是中国话剧史上的第一个"四凤"扮演者;并在曹禺亲自导演的《雷雨》中扮演过"金子"。她还在1939年的电影《白云故乡》中扮演过角色;还曾是抗战胜利后的《新民报》的记者和文学期刊《人世间》的主编。新中国成立后她不再活跃于舞台上和银幕上,先后成为《北京文艺》、《说说唱唱》、《剧本》三种期刊孜孜不倦的编辑……

凤子现在已经离开了人世间。

前不久,舒乙先生和她的外甥女姚珠珠女士为凤子编辑出版了厚厚的书《凤子——在舞台上;在人世间》,我有幸获得舒乙先生和姚珠珠女士共同签名的一本。

对于中国20世纪80年代甚或70年代出生的人,哪怕是文艺这个"界"里的人,凤子该是一个多么陌生的名字啊!连我知道凤子这个名字,也只不过是从复旦大学分配到北京电影制片厂以后的事情,而那恰是中国的20世纪80年代。记得某日北京电影制片厂组织观看刚拍成的电影《原野》,来了许多戏剧界、文学界和电影界的前辈,都是鼎鼎大名的人物,老厂长汪洋亲自迎接。我作为编导室一名年轻的编辑,奉命参与接待。忽而一阵骚动,本已落座之人,几乎全体起身,年长者们皆将温暖的目光望向同一个方向,而还算不上是老者但也绝对不年轻的些个名人,已将一位70余岁、气质文雅、微笑盈盈的女性团团围住,问好之声不绝于耳……

于是我第一次听到"凤子"这个名字。

过后不免心生困惑——她究竟哪一方面成就斐然,该受到大家那么真诚的友爱对待呢?

我向北影编导室的同事们打听,除了她是中国话剧史上主演"四凤"的第一人,其他情况,同事们也都说不大上来。

我更困惑,遂翻《中国戏剧史》和《电影史》关于"凤子"的记载,最不能忽视的,也不过就是"第一人"

而已。

我没有找到解惑的答案。

此后二十几年,"凤子"这个化名当初在我心中引起的好奇,渐无痕迹。

如今面对那厚厚的书,我当年的困惑又浮生起来。

为什么在1949年,在"第一届中国文学艺术界联合会"召开期间,周恩来为凤子往纪念册上题词留念时,竟然写下了"凤子妹"三个字? 当年的周恩来几乎年长凤子20岁呀!

为什么嫉恶如仇、秉性高傲的吴祖光,在凤子逝后所写的怀念她的文章居然以《追思凤子贤姐》为题?好一个"贤"字,出于吴祖光笔下,其亲其敬,深矣!沉矣!

为什么复旦中文系当年备受学子们尊崇的赵景深教授,竟在凤子的纪念册上写下这样一行谦虚之至的话——"你是我的光荣的学生,我希望将来能做你的光荣的老师!"

读罢全书,终于解惑。并且自然而然地形成些感想——在文艺这个"界"里,凤子毕竟非是任何一方面的"大家",她只不过是很普通的一员,即使研究文艺之史的人,从字里行间偶尔发现了她的名字,那些记载对于文艺之史而言 也只不过细则可有粗则可略罢了；对于凤子本人，也只不过是早期经历罢了。

但一个普通的文艺从业者，她若将自己的一生都无怨无悔地耗尽在文艺这个"界"里了，她会由而是一个优秀的人吗？

回答是肯定的。

凤子以她的一生告诉我们——不但可以是一个优秀的人，而且可以是一个连不普通的人和很不普通的人也都特别尊敬的，而且可以是一个在其死后，令一切和她的一生发生过或多或少的关系的人（亲人也罢，友人也罢，同事也罢，和自己一样普通的人也罢，不普通和很不普通的人也罢），经常怀念而每怀念之，便会心生温暖，备觉亲爱。

在"十年动乱"中，连凤子也不能幸免于难。她被关押、隔离七年之久，后又被遣往干校"劳改"两年。那时的凤子，在一点上有些像江姐，那便是她的口唇，也成了文艺界许许多多人的安全线。威胁不消说是有的，利诱不消说也是有的。想早一点儿与家人团聚吗？那么赶紧写出揭发检举别人的"材料"吧！——当年，哪一个被打入另册的人，没经历过如此这般的人格考验呢？凤子本人虽然普通，但她和文艺界著名人士们的交往太广泛了，太密切了。

凤子这一个女子，九年中没有做对不起良心的事。

如果她对自己的人格要求稍有动摇，那么许多人的命运势必雪上加霜，甚而坠入绝境。凤子有"士"之节。

后来人们对于凤子的尊敬，显然也包含着人们对于一位女性身上所体现出的"义"与"节"的敬意。在大节方面，在她那一代文艺人士心目中，凤子无疑是称得上"大写的人"的吧？

凤子何以普通而又优秀，在书中，舒乙先生的一篇文章《最伟大的龙套》，已说得很全面，此不赘言。坦率讲，我对于"最伟大"三个字是有修辞学上的排斥心理的，但却认为，那一点儿也不影响他对凤子的评价的真挚。最主要的是，结合全书内容来沉思凤子其人（虽然我和她从未有过接触），我觉得舒乙先生的评价即不但是热情洋溢的，想必也是相当客观的。从30年代起，凤子始终是文艺这个"界"中的好人；也是这个"界"中许多好人的俊友。

一个普通的人何以却能优秀呢？

也不赘言。因为收在书中的吴祖光先生的那一篇题为《追思贤姐凤子》的文章中，对普通与优秀的关系作出了极好的诠释。

他在文中说："美丽的凤子具有善良、谦虚、热诚、勤奋的一切美德，这一切好品格也来自她的高度文化水平。"

而我的感想那也是——凤子的"高度文化水平",想必和学历是没太大关系的(复旦乃著名人文学府,大约和复旦的精神是不无关系的),但是和"文化天下"的"文化"二字或有传承关系吧?

我的感想还是——美德或曰"好品格"之对于普通的人,是与天才之对于艺术家同样值得世人心悦诚服的。在当下言当下,应说"更值得"。

我于是联想到了另外一件事——某日闲阅《读者》,读到一篇短文是《他在这里吗》。那是一篇叩问普通人的普通之人生意义的小散文。它的开篇是这样的:

> 我一直在找一个人。
>
> 每推开一扇门,我总会细心留意寻找,问问周围的人:他在这里吗?
>
> 他是个怎样的人呢? 你来帮我一起找他……

因了这一篇小散文对于普通的人之普通的人生意义的真诚肯定,我将它的题目确定为我们北京语言大学中文系大三学子们的期中考试文题之一,希望看到我的学生们也能由那一文题而生发出对普通人之人生意义的积极思考。

依我的眼看来,我们这个时代已深患了一种疾病——我们的文化长久以来太热衷于对不普通的人很不普通的人的人生价值的羡慕式宣扬，似乎在暗示绝大多数普通的人们，倘若不能快速地变得不普通很不普通起来，人生就完蛋了。

但社会的不二法则永远是——普通之人注定了是绝大多数。

凤子是既普通又优秀的。

我们大多数普通人其实也能。

人们怀念凤子，说到底，是怀念她的人格魅力。伊人如凤。

人格魅力是不需要集资、投资和苦心经营的。

只要谁的人生愿意朝那样一个方向走，便一定会具有。

这是凤子的人生告诉世人的……

我的第一位责任编辑

他死十几年了。

一个新中国成立前就参加了革命军队的人。一个新中国成立后兢兢业业从事文学编辑工作的人。一个默默无闻的人。一个"右派"。一个至死也未得到"平反"的人。一个至死虔诚地认为自己可能对党对人民有罪,并且毫无怨言地接受改造和惩罚的人——尽管他也许根本不知那"罪"到底是什么。

上帝说:人都是有罪的。

所以相信上帝的人无可辩白。

因为上帝是不会错的——人的辩白则是罪上之罪。

大概正是基于这种宗教逻辑,他从不替自己辩白。

如果他活到了"平反"那一日,他定会震惊于上帝也会犯错误的吧?

他是我接近过的第一个"社会主义的敌人"。

"右派"分子是"社会主义的敌人,他们要推翻社会主义"——我的中学政治课本上是这么写着的。我的中学政治老师也是这么教育我的。

所以在"文革"中,仍戴着"右派"帽子或已被摘了"右派"帽子的人遭到严酷批斗时,我虽常常不免被那种种批斗方式的严酷所惊悸,却隐藏起一个少年的仁慈,丝毫也不流露。

我第一次见到他,是在北大荒。是在兵团举办的一次创作学习班上。

一天,吃早饭时,我发现多了一位形销骨立、面容枯槁憔悴的老者,奇怪地问坐在身旁的人:"那是谁?"

"杨方。"

"也是参加创作学习班的?"

"嗯。"

"老作家?"

"老右派。"

"那……"

"他当过编辑,让他来帮着看看稿,边改造边利用嘛!"

我不由得又朝他多看几眼。创作学习班,成员大多数是知青,饭桌上也在高谈阔论小说之类。杨方一言不发,连目光也不旁视,瞅定一部分桌面,默默地吃饭。满口牙残缺不全,吃得极慢极慢。他那一张刀条脸，瘦得不能再瘦。两腮塌陷，颧骨高凸，一双眼睛深深地隐蔽在眼窝里。面色青绿。每一嚼动，青绿的皱纹纵横的面皮便一紧一弛。给我印象最强烈的是他的眉毛，左右眉峰各有长长的两束，无羁地飞扬着，箭竖着。仿佛除了剪断，是别无他法使其捯顺的。

我离开饭堂时，见他那一桌只剩了他自己，仍极慢极慢地吃着，仍瞅定一部分桌面，目不旁视。分明由于牙齿不健，连一个烧饼还未吃完。他不但吃得极慢，也吃得极小心，一手颤抖地端着碗接在口下，可能唯恐烧饼掉下的酥皮儿落在桌上，被人指责浪费农民血汗。

回到宿舍，听别人讲，我才知道，他原是解放军文艺出版社的编辑。由于在"反右"斗争中说了些"错话"，被打成了"右派"。即使在当时，那些"错话"的性质也并不很严重。但他的家庭成分是地主，结果不严重也变严重了。"右派"的帽子不给他戴上给谁戴上呢？成了"右派"，自然也就被从革命军队中"清洗"而出，发配到了哈尔滨，后来据说改造得好，表现"老实"，调到了黑龙江出版社。"文革"中，遭第二次清洗，又被从黑龙江出版社逐出，发配到北大荒，在四师接受第二番改造，当一名注"另册"的农场职工。

别人还告诉我，他是好几本书的责任编辑，其中包括《苦菜花》和《迎春花》。当年这两本书是"大毒草"。所以那与其说是他的成绩,莫如说更是他的"罪行"。后来我曾特意重翻那两本书,却见印在书上的责任编辑并不是他。或者是人云亦云,造成误传;或者因为他成了"右派",在那两本书还不是"大毒草"的年月,不便印上他的名字。

他一个人住在我们隔壁的小房间。不是出于照顾,而是因为他通宵达旦地咳嗽。和他住在一个房间的人,是根本无法睡觉的。除了每天吃三顿饭的时候,我几乎见不到他的影子。而在吃饭时见到的他,一如第一次见到他时的样子。他患有肺气肿,正值严冬,从住处到食堂,一两分钟的路,他也不得不戴着口罩。还患有神经性颤抖症,使人总担心他吃饭时端不住碗。还患有胃溃疡——都是"改造"的成果。

有天吃午饭,半个馒头从他手中掉到地上,被他捡起,已沾了不少土。他想剥皮,刚剥下一小块,却不敢往桌上放,不知如何是好。拿着半个脏馒头,吃不得,不吃又不行的样子。

我恰巧坐在他身旁,从他手中夺下了那半个脏馒头,又掰了半个馒头给他。

"不,不,我……还是吃了那半个脏的吧……"

我随手将那半个脏馒头抛进了剩饭桶。

同桌的伙伴们的目光都是赞许的。

唯他自己,满脸惴惴不安的神色。

我们同屋的三个知青,将自己关在房间里写作时,常听到他在隔壁一阵阵剧烈的咳嗽。那咳嗽之声剧烈得连我们都替他喘不上气来。白天能听到,晚上也能听到。只要他在咳嗽,我们便知他在看我们的稿子。而一到夜晚,他每每咳嗽得更剧烈。

还有点人味儿的人,谁能不心疼这样一位为我们做"嫁衣裳"的老者呢? 其实他当年还不算老,也许才五十五六岁,可看上去已衰弱得像70来岁的人了。

他看稿极认真,从不在任何人的稿上乱勾乱画。连个符号也不记。连一页纸的纸角也不折。稿旁放一个小本,一切都记在小本上。如——P多少多少,第几行,有一个什么什么字错了……

一视同仁。

对于那些稿面非常清洁的稿子,他更是格外显出一份儿对作者的尊重。看前,总是要用湿毛巾擦擦手,怕将稿面弄脏,或留下他的指印。

他谈稿子更认真。对一个不恰当的词,一个不真实的情节,一个概念化的细节,一句不符合人物性格的对话,他总要预先替你设想出几种修改方案,与你谈时,极谦恭地说:"我觉得这个地方,也许改一改更好。我想出了几种改法,咱们共同商量,看确定哪一种方案更好?"

其实他心中早已有了最佳修改方案。他并不希望你立刻接受,而希望你在经过比较之后,自己选择那最佳的方案。你一时没有理解他的良苦用心,他也不急。更不和你争辩,耐心地听你谈完自己的想法,然后婉言劝你再去多听听别人的意见。

他的意见,十之八九也被大多数人认为是正确的。

他的谦恭,常常使我们在他面前,更加心疼他那体弱多病的身体。而在他,那绝非虚伪。那是发自内心里的虔诚。因为他仿佛一分钟也不能忘记,自己是一个"右派",一个确乎有"罪"的人,一个被"改造"着的人,一个不过被临时"利用'一下的人。而这种"利用",又仿佛对他意味着是一种抬举,一种恩典,一次"赎罪"的小小的机会。他以他的全部虔诚,搭上他那衰弱之极的身体,回报这种抬举,这种恩典,这一次小小的"赎罪"的机会……

他是我的第一位责任编辑。

我当年发表在《兵团战士报》上的第一篇小说《向导》,是在他与我长谈了三次之后才定稿的。

那一次创作学习班上,有个骄傲的小子,和他大吵大嚷,骂他"臭右派,装模作样假充内行"!他一言不发,默默地挨骂。我们大家气坏了,将那小子骗到郊野,狠揍了一顿。

我们都从内心里开始尊敬他。

有天夜里,同屋的一个伙伴醒了,把我们也都捅醒,说:"老杨怎么不咳嗽了?"

在那个年月,我们不能像如今一样,对我们所尊敬的文学界长者称"老师"一样,称他"杨老师"——这样的称呼也会使他自己惊恐的。我们只能叫他"老杨"。

我们都匆匆披上衣服闯入他的屋里——椅子翻在地上,他倒在地上,桌上是稿子,手中是笔……

他脸色铁灰……

那是凌晨三四点钟的时候,我们立即将他背往师部卫生院……

那一次,如若不是我们发现得早,他便死了。

后来我再没见过他。

后来每年一次的创作学习班上,只要他的身体能撑得住,总会前去辅导。像辅导我们那一期学员一样虔诚……

如今,许多经他辅导过的当年的知青,都走上了文学道路。

1975年,我在复旦大学,得知他病故了。

我们离开了北大荒。

他埋在了北大荒。

我是没法儿忘了他的。

一缅怀起他,我对那过去了的历史充满悸怖——它使好人无端变成"罪人",竟是那么随便!那么轻而易举!并且连同无罪之人的无罪的意识,都一块儿奸污了!

是以追记此文,寄托我对我的第一位责任编辑的大的哀思!

/故人往事/

1979年春,全国第四次高等教育会议在北京西苑召开,各新闻和文艺单位派代表列席参加。我作为北影厂代表,参加了华南大组学习讨论。会议最初几天,讨论内容是肃清"四人帮"极"左"教育路线的流毒,发言踊跃热烈。

"工农兵学员"——这新中国成立三十年来"高教"大树上结下的"异果",令每一位代表当时都难以为它说半句好话。而每一位发言者,无论从什么角度什么命题开始,最终都归结到对"工农兵学员"的评价方面。不,似乎不存在评价问题——它处于被缺席审判的地位。如果当时有另外一个"工农兵学员"在场的话,他或她也许会逃走,再没有勇气进入会议室。

我有意在每次开会前先于别人进入会议室,坐在了更准确说是隐蔽在一排长沙发后不易被人发现的角落。我负有向编辑传达会议情况和信息的使命。我必须记录代表们的发言。

我是多么后悔我接受了这样一个使命啊！然而我没有充分的理由，要求领导改换他人参加会议。第三天下午，还有半个钟点散会，讨论气氛沉闷了。几乎每个人都至少发过两次言了。主持讨论者时间观念很强，不想提前宣布散会，也不想让半个钟点在沉闷中流逝。他用目光扫视着大家，企图鼓励什么人作短暂发言。

他的目光扫视到了我。我偏偏在那时偶然抬起了头。于是我品质中卑俗的部分，一瞬间笼罩了我的心灵，促使我扮演了一次可鄙而可怜的角色。

"你怎么不发言啊？也谈谈嘛！"主持者目光牢牢盯住我。多数人仿佛此刻才注意到我的存在，纷纷向我投来猜测的目光。大家的目光使我很尴尬。

坐在我前面的人，都转过身瞧着我，分明都没想到沙发后隐藏着我这么个人。我讷讷地说："我……我不是'工农兵学员'……"几乎是不由自主地这么说了。这是我以列席代表身份参加讨论三天来说的第一句话，当着许多白发苍苍的老教授们说的第一句话，当着华南大组全体代表说的第一句话。

谎话，是语言的恶性裂变现象。说一颗纽扣是一颗钻石，并欲使众人相信，就得编出一个专门经营此种"钻石"的珠宝店的牌号，就进一步编出珠宝店所在的街道和老板或经理的姓名……

我说,我是电影学院导演系"文革"前的毕业生。我说,某某著名电影导演曾是我的老师。我说,如果不发生"十年动乱",我也许拍出至少两部影片了……为了使代表们不怀疑,我给自己长了五岁。散会后,许多人对我点头微笑。"文革"前的毕业生,无论毕业于文、理、工学院,还是毕业于什么艺术院校,代表们都认为是他们的学生。

会议主持者在会议室门外等我,和我并肩走入餐厅。边走边说,希望我明天谈谈"四人帮"所推行的极"左"教育路线,对艺术院校教育方针教育方向的干扰破坏。

我只好"极其谦虚"地拒绝。

我不是一个没有说过谎的人。但是,跨出复旦校门那一天,我在日记上曾写下过这样的话:"这些年,我认清了那么多虚伪的人,见过那么多虚伪的事,听过那么多谎话,自己也违心地说过那么多谎话,从此我要做一个诚实的人……"

我这"要做一个诚实的人"的人,在许多高等教育者面前,撒了一次弥天大谎!

那的确是我离开大学后第一次说谎,不,第二次。第一次是——我打了"潘冬子"一记耳光而说是"跟他闹着玩"。我第二次说谎,像一个谎话连篇的人一样,说得那么逼真、那么周正。

我内心感到羞耻到了极点。一个毕业于名牌大学的青年,仅仅由于在某一个不正常的时期迈入了这所大学的校门,便如同私生子隐瞒自己的身世,在许多高等教育者面前隐瞒自己的"庐山真面目",真是历史的悲哀!

就个人心理来说,这是十分可鄙的。

但这绝非我自己一个"工农兵学员"的心理。这种心理,像不可见的溃疡,在我自己心中,也在不少"工农兵学员"心中繁殖着有害的菌类。对于一个国家的高等教育,又多么可悲!宛如太上老君的"炼丹炉"中倒出了"山楂仁"。

我的谎话,当晚就被戳穿——我们编辑部的某位领导来西苑看望在华南组的一位老同事……我不晓得。第二天,我迟到了十分钟。在二楼楼口,被一位老者拦住。他对我说:"你先不要进会议室。"我迷惑地望着他。他又说:"大家已经知道了。"我问:"知道什么了?""知道你是一个'工农兵学员'。"他那深沉的目光,严肃地注视着我。我呆住了。他低声说:"大家很气愤,正议论你。你为什么要扯谎呢?为什么要欺骗大家呢?"他摇摇头,声音更低地说:"这多不好，这真不好！有的代表要求向大会简报组汇报这件事啊！……"不但不好，而且很糟！在全国"高教"会上，在粉碎"四人帮"后，谎言和虚伪正开始从崇高的教育法典中被肃清，一位列席代表，一位"工农兵学员"，却大言不惭地自称是"文革"前电影学院导演系的毕业生，这的确是太令人生气了。

我垂下了头，脸红得发烧。我羞惭地对那老者说："您替我讲几句好话吧，千万别使我的名字上简报啊！"他说："我已经这样做了。"他的目光那么平和。平和的目光，在某些时刻，也是最使人难以承受的目光。我觉得他那目光是穿透到我心里了。

他说："我们到楼外走走好吗？"

我默默地点了一下头。

我们在楼外走着，他向我讲了许多应该怎样看待自己是一个"工农兵学员"的道理。当他陪着我走回到会议室门前，我还是缺乏足够的勇气进入。

他说："世上没有一个人敢声明自己从未说过谎。进去吧！"挽着我的手臂，和我一齐进入了会议室。那一天我才知道，这位令我感激不尽的老者，原来是老教育家吴伯箫。吴老是我到北京后，第一个引起我发自内心的无比尊敬的人。"高教"会结束后，他给我留下了他家的地址，表示欢迎我到家中去玩。那时他家住沙滩。我到他家去过两次。第一次他赠我散文集《北极星》。第二次他赠我散文集《布衣集》，并赠一枚石印，上刻"布衣可钦"四字。他亲自替我刻的。两次去，都逢他正伏案写作。一见我，他立刻放下笔，沏茶，找烟，面对面与我相坐，与我交谈。他是那么平易近人，简直使我怀疑他是个丝毫没有脾气的人。他脸上的表情总是那么安详。与我说话时，眼睛注视着我。听我说话时，微微向我俯着身子。他听力不佳。我最难忘的是他那种目光，那么坦诚，那么亲切，那么真挚。注视着我时，我便觉心中的烦愁减少了许多许多。

那时他家的居住条件很不好。因附近正在施工，院落已不存在。他家仅有两间厢房。每次接待我的那一间，有十三四平方米，中间以木条为骨，裱着大白纸，作为间壁。里边一半可能是他的卧室，外边一半是他的写作间。一张桌子，就占去了外间的大部分面积。我们两人落座，第三个人就几乎无处安身了。房檐下，生着小煤炉，两次去他家都见房檐下炊烟袅袅，地上贴着几排新做的煤饼子。

我问他为什么居住条件这样差？他笑笑，说："这不是蛮好吗？有睡觉的地方，有写作的地方，可以了。"告辞时，他都一直将我送到公共汽车站。

我向他倾诉了许多做人和处世的烦恼。他循循善诱地开导了我许多做人和处世的道理。

他这样对我说过:多一分真诚,多一个朋友。少一分真诚,少一个朋友。没有朋友的人,是真正的赤贫者。谁想寻找到完全没有缺点的朋友,那么就连他自己都不可能成为他的朋友。一个人有许多长处,却不正直,这样的人不能引为朋友。一个人有许多缺点,但是正直,这样的人应该与之交往。正直与否,这是一个人品质中最重要的一点。你的朋友们是你的镜子。你交往一些什么样的朋友,能衡量出你自己的品质来。我们常常是通过与朋友的品质的对比,认清了我们自己实际上是一个怎样的人……

我们北影的一位同志,从前曾在吴老领导下工作过。他敬称吴老为自己的"老师"——他已经是四十五六岁了。

我常于晚上看见他在厂院内散步,却从未说过话。

有次我们又相遇,他主动说:"吴老要我代问你好。"

我们便交谈起来,主要话题是谈的吴老。

他告诉我这样一件事:当年他与六个年轻人在吴老直接领导之下工作,某天其中一人丢了二百元钱,向吴老汇报了。吴老嘱他不要声张,说一定能找到。过了几天,六个年轻人都在场的情况下,吴老将二百元钱交给失主,说:"你的钱找到了。不知是哪位同志找到后放到我抽屉里了。"失主自然非常高兴。当天,又有二百元钱出现在吴老抽屉里。原来他交给失主的那二百元钱,是他自己的。但对这件事,他再也没追究过。六个年轻人先后离开他时,都恋恋不舍,有的甚至哭了……

"因为吴老当时很信任我,只对我一个人讲过这件事。"我那位北影的同事说:"吴老认为,究竟谁偷了那二百元钱,并不重要。重要的是,六个年轻人中,有一个犯了一次错误,但自己纠正了。这使人感到高兴啊!"

听了这件事以后,我心中对吴老愈加尊敬。他使我联想到了苏联教育家马卡连柯。

为年轻人宽宏若此,真不愧老教育家风范。

因吴老身体不好,业余时间又在写作,我怕去看望他的次数多了,反而打扰他,再未去过他家。

我最初几篇稚嫩的小说发表,将刊物寄给他。

他回信大大鼓励了我一番,而且称我"晓声文弟",希望我也对他的作品提出艺术意见,使我愧怍之极。

信是用毛笔写的,至今我仍保存。

半年后,我出差在外地,偶从报纸上看到吴老去世的消息,悲痛万分。将自己关在招待所房间里,失声恸哭一场……

《北极星》和《布衣集》，我都非常喜爱。我们中学时期语文课本中一篇《延安的纺车》，便收在《北极星》中。但相比之下，我更喜爱《布衣集》。

我将《布衣集》放在我书架的最上一档，与许多我喜爱的书并列。

吴老，吴老，您生前，我未当面对您说过这句话，如今您已身在九泉之下，我要对您说——您是我在北京最尊敬的人。不仅仅因为当年您使我的姓名免于羞耻地出现在全国第四次"高教"会的简报上，不仅仅因为您后来对我的引导和教诲，还因为您的《布衣集》。虽然它是那么薄的一本小集子，远不能与那些大部头的长篇小说或什么全集、选集之类相比，虽然它没有获得过什么文学奖。您真挚地召唤却在思想上、情操上实践着"布衣精神"。这种精神目前似乎被某些人认为已经过时了，似乎已经不那么光荣了，似乎已经是知识分子的"迂腐"之论了。

您在给我的信中却这样写道："我所谓的'布衣精神'，便是不为权，不为钱，不为利，不为名，不为贪图个人一切好处而思想，而行为，而努力工作的精神。知识分子有了这种精神，才会有知识方面的贡献。共产党人有了这种精神，才会有实现共产主义理想方面的贡献。因而'布衣精神'不但应是中国知识分子的精神,尤其应是中国共产党人的精神……"

吴老,您是知识分子,您亦是老共产党员。从这两方面,我都敬您。您是将"布衣精神"作为一个知识分子的品格原则的,也是作为一个共产党人的品格原则的。您对这种精神,怀着一种儿童般的执着锲而不舍。但愿我到了您那样的年纪,能有资格毫不惭愧地对自己说:"我不为权,不为钱,不为利,不为名,清清白白地写作,清清白白地做了一辈子人,没损害过侵占过或变相侵占过老百姓一丁点儿利益!……"

如今穿布衣的知识分子少了,穿布衣的共产党人少了,穿布衣的共产党的领导干部少了。因为有了的确良、的卡、混纺、其他什么什么的。共产党如果成了布衣党,在20世纪80年代的今天,未免滑稽可笑。但共产党如果成了失掉"布衣精神"的党,那则不滑稽也不可笑了,而令人心中产生别的一番滋味了!

您正是在身后留下"布衣精神"的一息微叹,召唤着一种党风,召唤着一种党的干部之风啊!

现实真真有愧于您生前那儿童般执着的信念和寓言般朴素的思想啊!我们这个国家,我们这个民族,因民族心理的积淀和种种历史渊源所致,一向是崇尚权力的。而封建王权便是以这种崇尚为其社会基础的。

这是我们民族愚昧的一面。人类不应受王权的统治，而只应受知识的统治。这叫人类文明，或曰"精神文明"。有一个时期我们的社会似乎有一股崇尚知识的良好风气开始发端，但很快又被对金钱的崇拜所涤荡了。

金钱，这个讨人喜爱的怪物，吞噬着某些中国人的灵魂，吞噬着某些中国共产党人的灵魂。

"先使一部分人富起来"——应该是先使人民中的一部分人富起来才对啊！

中国是中国人民的中国，属于国家的财富，巨细无遗，都是属于中国人民的。任何侵吞、挥霍、浪费的行为，都不应是中国共产党的干部们的行为，都是丑行，都应受到法律的制裁。人民希望是这样。希望"对外开放，对内搞活经济"的政策不变；希望党风彻底好转；希望党内有几位"包龙图"，铲除邪恶，辅佐"朝纲"；希望改革之举成绩更大，弯路更少。而最大的希望则是——党内损公肥己、以权谋私者们不再继续下去。人民是既痛恨他们，又拿他们没办法。因为权力已在他们手上。

"将权力关在笼子里"——幸而如今开始这样做了；吴老，这对您定是一个好信息吧！

/ 巴金的启示 /

巴金老人在世时,我是见到过他两次的。

第一次是1977年5月23日,上海举行纪念毛泽东《在延安文艺座谈会上的讲话》的活动。一次规模很大的活动。正式出席的有三百余人,曰"代表"。前一年10月已经粉碎了"四人帮",而我那一年的9月毕业。我是以复旦大学中文系特约学生"代表"的身份参加的。复旦大学中文系也就分到了那么一个学生"代表"名额。我之所以将"代表"二字加上引号,乃因都非是民主方式选举产生的,而是指定的。

于我,那"代表"的资格是选举的也罢,是指定的也罢,性质上都是没有什么区别的——无非就是一名在校的中文系学生参加了一次有关文艺的纪念活动而已。如今想来,对于当时那三百余位正式"代表"而言,意义非同小可。正因为都是指定的,那体现着粉碎"四人帮"以后的中国政治,对众多文艺界人士的一种重新评估;一种政治作用力的,而非文艺自身能力的,展览式的，集体的亮相。中老年者居多，青年寥寥无几。我在文学组，两位组长是黄宗英老师和茹志鹃老师；我是发言记录员。文学组皆老前辈，连中年人也没有。除了我一个青年，还有一名华东师大的女青年，也是中文系的在校生。

巴金老当年便是文学组的一名"代表"，还有吴强、施蛰存、黄佐临等。我虽从少年时期就喜爱文学，但有些名字对于我是极其陌生的。比如施蛰存，我就闻所未闻。我少年时期不可能接触到他的作品。新中国成立后，除了某些老图书馆，新建的图书馆，包括大多数大学的图书馆里，根本寻找不到他的作品。新中国成立后，他的作品大约也是没再版过的吧？考虑到学科的需要，复旦大学中文系的阅览室虽然比校图书馆的文学书籍更"全面"一些，虽然我几乎每天都到阅览室去，但三年里既没见过施蛰存的书，也没见过林语堂、梁实秋、胡适、徐志摩、张爱玲、沈从文的书。这毫不奇怪。新中国成立后，尤其是"文革"中，全国一概的图书馆，是被一遍一遍篦头发一样篦过的。他们的书不可能被我这一代人的眼所发现。

然而，巴金老的书当年却是赫然在架的。

如今想来，我觉得巴金老比起他们，那还是特别幸运的。作为作家，他虽然在"文革"时期被"冰冻"

了起来，但是他的作品，毕竟还能在一所著名大学中文系的阅览室里存在着。

尽管粉碎"四人帮"了，但文学老人们在会上的言语既短少又谨慎。在会间休息，相互之间的交谈那也是心照不宣，以三言两语流露出彼此关心的情谊而已。每个人的头上，依然还戴着"文革"中乃至自从新中国成立以后被强加的莫须有的罪名。那是一些依然戴着这样或者那样的罪名却又蒙幸参加纪念活动的"代表"。

由于我几乎读过巴金老那时为止的全部作品，对他自然是崇敬的。上楼下楼时，每搀扶着他。用餐时，也乐于给前辈们添饭、盛汤。但是我没和他交谈过。心中是想问他许多关于文学的问题的，但又一想肯定都是他当时难以坦率回答一个陌生的文学青年的问题，于是不忍强前辈所难……

第二次见到巴金老，是在上海，在他的家里。已忘记了我到上海参加什么活动。八九人同行，又是我最年轻。内中还有当时作协的领导，所以我一言未发，只不过从旁默默注视他。也可以说是欣赏一位文学老人。那一年似乎是1985年。他已在一年前的四届作代会上被选为中国作协主席。那一次他给我留下的印象用两个字就可以概括——慈祥。

后来巴金老出版的几本思想随笔，我也是很认真地读过的。

对于我个人,他那一种虔诚的忏悔意识和要求自己以后说真话的原则,给我留下了深刻印象。

于今,前一种印象越来越淡薄了,后一种印象更加深刻了。

依我想来,当政治的巨大脚掌悬在某些人头上,随时准备狠狠踩踏下去的时候,无论那些人是知识分子抑或不是,由于懦弱说了些违心的话——那实在是置身度外的人应该予以理解和原谅的。后来人说前朝事也罢,在安全的方位抱臂旁观也罢。尤其那违心话的性质仅仅关乎自己对自己的评价,并没有同时牵连别人安危的时候。巴金老人在"文革"中所说的某些违心话,便是如上的一些话而已。他当选中国作协主席以后,对自己所作的反思和忏悔,自然是极可爱、极可敬的,也完全值得我们后辈尤其是后辈知识分子学习。但若将中国发生"文革"那样的事情与中国知识分子应该集体地怎样、居然没有集体地怎样直接联系起来进行评判,则我认为是很小儿科的评判。巴金老人自己并没用他的文字发表过以上的联系。但以上言论"文革"后一直是有的。它的小儿科的性质乃至于——忽略了相对于政治的巨大脚掌,一个或一些被剥夺了话语权的知识分子,几乎便渺小得形同蝼蚁这样一个事实。我以为正确的评判立场也许恰恰相反，首先应该受到谴责的是那一只巨大的脚掌。它不该那么不道德，它怎么又偏可以那么不道德地肆无忌惮呢？这一定有它自身的规律。将思想的方向一味引向对知识分子的分析，恰恰会使真正值得深入分析并大声说出分析结果的现象获得赦免。在中国知识分子不知怎么一下子热衷于分析知识分子自身的过剩的思想泡沫中，我以为真正值得深入分析的现象，在中国还一直并没有被分析得多么深入。也可以说，实际上几乎等于获得了赦免。

以我的耳听来，违心的话，热衷而渐成习惯的假话、套话、照本宣科的毫无个人态度的话，等等令人听了心里恼火大皱其眉的高调门儿的话，委实太多了！

巴金老人自己并不好为人师。他从未摆出诲人不倦的面孔，以知识分子导师的话语和文章来"告诫"要求中国知识分子"应该"说真话。所以我将"应该"加上引号，也将"告诫"加上引号。巴金老人只不过通过解剖分析和批判自己以身作则。

而以我的眼看，他的以身作则是起到了一定影响作用的。

而以我的耳听，假话虽仍此起彼伏不绝于耳，但是真正发自中国知识分子之口的假话,确乎比以往的任何年代都少了。

中国知识分子已找回了一点儿说假话应该感到的羞耻。

尽量说真话;难以坦陈真言之时便不说话;尽量避免说假话、套话;以不进谄言不说媚语为底线……

是的,我以为大多数知识分子,对于自己的话语是逐渐具有一种较为自尊自重的原则态度了。

假话现象,分明已像云朵一样,随风积聚到另外的平台上去了。恕我直言——官场上的假话目前最多,坏影响也最大。

出于知识分子之口的假话现象固然是少了,但并不意味着人们同时从知识分子口中听到的真话于是多了。

以我的眼看来,以我的耳听来,仅仅说格外保险的"知识"话语的知识分子多了。知识分子总是不甘寂寞的。既为知识分子,干脆只言说"知识",确乎明哲保身,于是蔚然成风。

这是一种仅仅漂浮在关于中国知识分子的话语品质的底线之上的现象。

这不是一个高标准。

但相比于从前的年代,总归也还算是一种进步。

有底线毕竟比完全没有好。

然而以我的眼看来，以我的耳听来，民众对于中国知识分子的期望，是越来越变成失望了。

民众对知识分子的要求显然比知识分子目前对自身的要求高不少。民众企盼知识分子能如古代的"士"一般，多一些社会担当的道义和责任。

我们太有负于民众了。

我自己从青年时期便幻想为"士"，然而我自己的知识分子原则，也早已从理想主义的高处，年复一年地，徐徐降至底线的边缘了。

于是每联想到冰心老人生前写过的一篇短文——《无士当如何？》。

有时我甚至想——也许中国人对中国知识分子（这里主要指的是文化知识分子）的社会定位太过中国特色也太过超现实主义了吧？也许"士"只适合于古代吧？正如"侠"的时代和骑士的时代，只能成为人类的历史？

但已降至文化知识分子人格底线边缘的我，对于自己说假话还是不能不感到耻辱；倘听到我的同类说假话还是不能不感到嫌恶。

真话不一定总是见解正确的话。

不是"二百五"的人也一定应该明白——对于许

多事情，正确的话肯定不会仅仅发自一个社会发言的立场。有时发自于两个截然不同甚至对立的立场的社会发言，往往各有各的正确性。

而假话，却肯定是粘带着千般百种的私利和私欲的话。

故假话里产生不了任何有益于社会公利的意义。

即使不正确的真话，也将一再证明着人说真话的一种极正当的极符合人性的权利。

什么时候，假话终于没了大行其道八面玲珑的市场；或即使不正确的真话，也不再是一种罪过——那时，只有那时，真话里才能产生真正的思想力。

用不说假话的原则来凸显出假话的丑陋；在这个底线上，这个前提下，我相信，中国文化知识分子的担当道义，总有一天会成为一种令民众满意的角色特征。

沉思鲁迅

在阴霾的天穹上,凝聚着一团大而湿重的积雨云——我常想,这是否可比作鲁迅和他所处的时代的关系呢?

那是腐朽到了糜烂程度而又极其动荡不安的时代。

鲁迅企盼着有什么力量能一举劈开那阴霾,带给他自己也带给世人,尤其中国底层民众,又尤其许许多多迷惘、彷徨,被人生的无助和民族的不振所困扰,连呐喊几声都将招至凶视的青年以光明和希望。然而他敏锐的、善于深刻洞察的眼所见,除了腐朽和动荡不安,还是腐朽和动荡不安,更不可救药的腐朽和更鸡飞狗跳的动荡不安。

他环顾天穹,深觉自己是一团积雨云的孤独。

他是他所处的时代特别嫌恶然而又必然产生的一个人物。正如他嫌恶着它一样。

于是他唯有以他自身所蕴含的电荷,与那仿佛密不可破的阴霾,亦即那混沌污浊的时代摩擦、冲撞。

中外历史上，较少有一位文化人物，自身凝聚过那么强大的能量。对于中国，那能量超过了卢梭之对于法国。然而相对于他所处的时代，那也只不过是一种凄厉的文化的声音而已。他在阴霾的天穹上奔突着、疾驰着，迫切地寻找着或能撕碎它的缝隙。他发出闪电和雷鸣，即使那时代的神经紧张，也义无反顾地消耗着自己。既不能撕碎那阴霾，他有时便恨不得撕碎自己，但求化作多团的积雨云，通过积雨云与积雨云，也就是自身与自身的摩擦、冲撞，击出更长的闪电和更响的雷鸣……

这，是否便是中国近代文化史上的鲁迅呢？

鲁迅当然是文学的。

文学的鲁迅所留下给我们的文本，不是多得足以"合并同类项"的文本中的一种；而是分明地区别于同时代任何文本的一种。

鲁迅的文学文本，是迄今为止最具个性的文本之标本。

它使我们明白，文学的"个性化"意味着什么。

鲁迅尤其是文化的。

文化包括文学。

所以鲁迅是很"大"的。

倘仅以文学的尺丈量鲁迅，在某些人看来，也许鲁迅是不伦不类的；而我想，也许所用之尺小了点儿。

仅仅鲁迅一个人，便几乎构成中国现代文学和文化史上不容忽视的一页了——那便是文化的良知与一个腐朽到糜烂程度的时代之间难以调和、难以共有的大矛盾。

倘中国近代文学和文化史上无此页，那么我们今人对它的困惑将不是少了，而是多了。

文学体现于个人，有时只需要一张写字桌。

文化体现于个人，有时只需要黑板和讲台。

文学和文化，有时只需要阴霾薄处似有似无的微光的出现；有时仅满足于动荡与动荡之间的假幻的平安无事。

文学和文化处在压迫它的时代，那是也可以像吊兰一样，吊着活的。这其实不必非看成文学和文化的不争，也是可以换一个角度看成文学和文化的韧性的。

然而鲁迅要的不是那个。满足的也不是那个。倘是，中国便不曾有鲁迅了。

鲁迅曾对他那时代的青年说过这样的话：第一是要生存；第二是要温饱；第三是要发展。

其实在某些时代的某些情况之下，一切别的人们，所起码需要的并不有别于青年们。

鲁迅的激戾，乃因他每每地太过沮丧于与他同时代的文化人士，不能一致地、迫切地、义无反顾地想他所想，要他所要。因而他常显得缺乏理解，常以他的"投枪和匕首"伤及原本不愿与他为敌，甚至原本对他怀有敬意的人。

于是使我们今人不得不面对这样一个事实——战斗的鲁迅有时候也是偏执的鲁迅……

在四月的春寒料峭的日子里，在沙尘暴一次次袭扑北京的日子里，在停了暖气家中阴冷的日子里，我又沉思着鲁迅了。

事实上，近几年，我一再地沉思过鲁迅。

这乃因为，鲁迅在近几年的大陆文坛，不知怎么，非但每成热点话题，而且每成焦点话题了。

不知怎么？

不对了。

细细想来，对鲁迅重新进行评说的文化动向的兴起，分明是必然的。有哪一位中国作家，在半个世纪之久的中国，尤其是在80年代以前的三十年里，其地位被牢牢地神圣地巩固在文化领域乃至社会思想理论领域甚至政治意识形态领域呢？除了鲁迅，还是鲁迅。在中国，在80年代以前的三十年里，在以上三大领域，鲁迅实在是一个仅次于毛泽东的名字。而鲁迅的书，则是仅次于《毛泽东选集》的书。而鲁迅的言论，则是仅次于《毛主席语录》的言论。在"文革"中,鲁迅的言论被正面引用的次数,仅次于《毛主席语录》被引用的次数,《论资本家的"乏"走狗》这一篇杂文,曾被同仇敌忾地当成声讨"走资派"的"乏走狗"们的战斗檄文;《论"费厄泼赖"应当缓行》这一篇杂文,曾被红卫兵们视为毛泽东《将革命进行到底》的姊妹篇。不消说,在当年,"将革命进行到底"便是将"文革"进行到底。而确乎地,那时,除了《毛主席语录》,还有另一种同样是红色的"语录"本儿广为存传,即《鲁迅语录》……

我确信,倘鲁迅当年还活在世上,肯定是不情愿的。倘不情愿而又无可奈何,那么他内心里肯定是痛苦的吧?其痛苦肯定大于他感到被曲解、误解、攻击和围剿的痛苦吧?在人类的历史长河中,某些著名的人物,生前或死后被当成别人的盾别人的矛的事是常有的。鲁迅也被不幸地当过,不是鲁迅的不好,是时代的浅薄。"文革"不仅是疯狂的时代,而且是理性空前浅薄的时代。那样一个时代的特征就是特别地需要可披作"虎皮"的大旗,鲁迅在死后而不是生前被当成那样的大旗,又未尝不是他的幸运……

又,鲁迅生前论敌甚多,这乃是由鲁迅生前所惯操的杂文文本决定了的,或曰造成的。杂文是议论文本。既议人，则该当被人所议。既一一议之，则该当被众人所议。纵然论事，也是难免议及于人的。于是每陷于笔战之境。以一当十的时候，便形成被"围剿"的局面。鲁迅的文笔尖刻老辣，每使被议者们感到下笔的"狠"。于是招致以眼还眼，以牙还牙。鲁迅是不惧怕笔战的。甚至也不惧怕孤家寡人独自"作战"，而且具有以一当十百战不殆的"作战"能力，故在当时的中国文坛，形象就很无畏。"东方不败"的一种形象。又因他在当时所主张的是"普罗文化"亦即"大众文化"，而"大众"在当年又被简单地理解成"无产阶级"，并且他确乎地为他的主张每每剑拔弩张、奋不顾身，所以后来受到毛泽东的高度评价，称颂之为"伟大的无产阶级文化的战士和旗手"。

有人对鲁迅另有一番似乎中性的客观的评价，那就是林语堂。

他曾写道：与其说鲁迅是文人，还莫如说鲁迅是斗士。所谓斗士，善斗者也。闲来无事，以石投狗，既中，亦乐。

大致是这么个意思。

林语堂曾与鲁迅交好过的。后来因一件与鲁迅有关、与自己一点儿关系都没有的稿费争端之事，夫妇二人欣然充当斡旋劝和的角色，结果却说出了几句使鲁迅大为反感的话。鲁迅怫然,林语堂亦怫然,悻悻而去。鲁迅在日记中记录当时的情形是"鄙相悉现"四个字。

从某些人士的回忆录中我们知道,鲁迅其后几日心事重重,闷闷不乐。

鲁迅未必不因而失悔。

而林语堂关于"斗士"的文字,发表于鲁迅逝后,他对鲁迅曾是尊敬的。那件事之后他似乎收回了他的尊敬。而且,二人再也不曾见过。

林语堂不是一位尖刻的文人。然其比喻鲁迅为"斗士"的文字,横看竖看,显然地流露着尖刻。但若仅仅以为是百分之百的尖刻,又未免太将林语堂看小了。我每品味林氏的文字,总觉也是有几分替鲁迅感到的"何必"的意思在内。而有了这一层意思在内,"斗士"之喻与其说是尖刻,莫如说是叹息了。起码,我们后人可以从文字中看出,在林语堂眼里,当时某些中国文坛上的人,不过是形形色色的"狗",并不值得鲁迅怎样认真地对待的。如某些专靠辱骂鲁迅而造势出名者。那样的某些人,在世界各国各个时期的文坛上,是都曾生生灭灭地出现过的,是一点儿也不足为怪的。

鲁迅讨伐式或被迫迎战式的杂文,在其杂文总量中为数不少。比如仅仅与梁实秋之间的八年论战（与抗日战争的年头一样长），鲁迅便写下了百余篇长短文。鲁迅与论敌之间论战，有的发端于在当时相当严肃相当重大的文学观的分歧和对立。论战双方，都基于某种立场的坚持，都显出着各所坚持的文学的，以及由文学而引起的社会学方面的文人的或曰知识分子的责任感。有的摆放在今天的中国文坛上，仍有促使我们后代文学和文化人士继续讨论的现实意义。有的由于时代的演进，自行化解，自行统一，自行达成了共识，已无继续讨论，更无继续论战的现实意义。而有的论战的发端，即使摆放在当时来看，也不过便是文化人和知识分子之间的一项文坛常事。孰胜孰败，是没什么非见分晓的大必要的……

然而1949年以后，鲁迅的名副其实的论敌们，或准论敌们，或虽从不曾打算成为鲁迅的论敌，却被鲁迅蔑斥为"第三种文人"者，都纷纷转移到中国香港、中国台湾乃至海外去了。我们今人，谁也不能不说他们当时的转移是明智的。而没有做那一种选择的，后来的人生遭遇都是那么地令人唏嘘。连曾是鲁迅的"战友"，曾是鲁迅的学生的人们也在劫难逃，更何况鲁迅当年的论敌了。

并且，现当代的中国文学史，曾几乎是以鲁迅为一条"红线",进行了相当细致的流理和相当彻底的删除。其结果是,一些与鲁迅同时代的文化人士和文化学者,从现当代的中国文学史上销声匿迹了。他们的书籍只有在极少极少的图书馆里才存有着。寻找到它们,是比敬职的道具员寻找到隔世纪的道具还难之事。有的文学史书虽也记载了当时中国文坛的风云种种,但也只不过是一笔带过的,仿佛铁板钉钉的结论。而且是纯粹政治性的,异化了文学内容的结论。致使我这一代人曾面对的文学和文化的史,一度是以残缺不全而充完整的。甚至可以说,那是一种史的"半虚无"现象……

然而我确信,鲁迅若活到了1949年以后,他是绝不会主张对他的论敌、准论敌,以及被他蔑斥的"第三种文人"实行一律封杀的。我读鲁迅,觉得他的心还是特别的人文主义的。并且确信,鲁迅是断不至于也将他文坛上的论敌们,视为不共戴天的仇敌,时刻欲置之于死地而后快的。他虽写过《论"费厄泼赖"应当缓行》,那也不过是论战白热化时文人惯常的激烈。正如梁实秋当年虽也讽鲁迅为"一匹丧家的'乏'牛",但倘自己得势,有人主张千刀万剐该"牛",甚或怂恿他亲自灭掉,梁实秋也是会感到是侮辱自己的。

我近日所读关于鲁迅的书,便是华龄出版社出版的《鲁迅梁实秋论战实录》。正是这一本书,使我再次沉思鲁迅,并决定写这一篇文字。书中梁实秋夫妇与鲁迅孙子周令飞夫妇的台北合影,皆其乐融融,令人看了大觉欣然。往事作史,尘埃落定,当年的激烈严峻,现今竟都变得轻若绕岭游云了。我想,倘鲁迅泉下有知,必亦大觉欣然吧?

鲁、梁当年那一场持久论战,在我读来既是必然发生的"战役",也未尝不是"剪辑错了的故事"。

鲁迅的经历,决定了他是一位深深入世,抛尽了一切出世念头,并且坚定不移地确定了自己入世使命的文化知识分子。

鲁迅书中曾有这样的话:

> 说从前好的,自己回去;
> 说现在好的,留在现在;
> 说将来好的,随我前去!

那与其说是豪迈的鼓呼,毋宁说更是孤傲的而又略带悲怆意味的个人声明 —— 他与他所处的"现在",是没什么共同语言的。他对社会、国家和民族的寄托,全在将来! 而他的眼从"现在"的大面积的深而阔的伤口里,已看到正悄悄长出的新肌腱的肉芽!

曾有他的"敌人"们这样地公开暗示他的"赤"化:"然而偏偏只遗下了一种主义和一种政党没嘲笑过一个字,不但没有嘲笑,分明的还在从旁支持着它"。

梁实秋在与鲁迅的论战中引用了那很阴险的文字,并在文中最后质问:"这'一种主义'大概不是三民主义吧?这'一种政党'大概不是国民党吧?"

这不能不说是比"资本家的'乏'走狗"更狠的论战之招。因为这等于将鲁迅推到了国民党特务的枪口前示众。文人之间的意气用事,由此可见一斑。这一种文化现象,也是非常"中国特色"的。而且在后来的"文革"中登峰造极。此点与西方是不尽相同的。在西方,文人或文化知识分子虽也每每势不两立,但政治的嘴脸一旦介入其间,那是会适得其反的。论战的双方,要么有一方开始缄默,要么双方同时表达对政治干涉的反感。比如"二战"前后的美国,一批知识分子同样被列入了亲苏的政治"黑名单",但他们的某些文化立场上的"敌人",也有转而替他们向当局提出抗议的……

今天,我们当代中国之文化人和文化知识分子,与其非要从鲁迅身上看清他原来也不过怎样怎样,还莫如以历史为鉴,照出我们自己之文化心理上的不那么文化的疤。

当然，鲁迅斥梁实秋为"资本家的'乏'走狗"，也是只图一时骂得痛快，直往墙角逼人。研读梁实秋与鲁迅的论战文字，谁都不难得出一个公正的结论，即梁实秋谈的是纯粹的文学和文化之事。如其在大学讲台上授课。24岁从美国学成回国的梁实秋，当年显然是属于这样一类知识分子——只要垫平一张讲课桌由其讲授文学的课程，课堂以外之事是既不愿关心更不愿分心枉为的。当年此类文化知识分子为数是不少的。《青春之歌》中的余永泽，身上便有着他们的影子。当然在持革命人生观的当年的青年们看来，那是很不足取的。其实，倘我们今人平静地来思考，却更应该从中发现这样一种人类普遍的生存规律，那就是——只要天下还没有彻底地大乱，甚或，虽则天下业已大乱，但凡还有乱中取静的可能，大多数人总是会一如既往地做他们想做和一向在做的事情：小贩摆摊，游民流浪，瘾君子吸毒，妓女卖淫，工人上班，农夫下田，歌女卖唱，叫花子行乞，私塾先生教《三字经》、《百家姓》、《千字文》，大学教授备课授课，学子们孜孜以学……哪怕在集中营里，男人和女人也要用目光传达爱情；哪怕在前线的战壕里，有浪漫情怀的士兵，也会在冲锋号吹响之前默诵他曾喜欢过的某一首诗歌……梁实秋的"悠悠万事，唯文学为大"，正符合着人性的较普遍之规律。深刻如鲁迅者,认为是苟活着并快乐着。但是若换一种宽厚的角度看待之,未尝不也是人生的普遍性的体现。对于梁实秋的"文学经"的种种理论,鲁迅未必能全盘驳倒批臭。因为分明的,仅就文学的理论而言,梁实秋也在不遗余力地传播着他自美国接受的一整套体系,并且认为是他的使命和责任。正如鲁迅认为自己做"普罗文学"的主将和旗手是义不容辞之事。

如果说鲁迅倡导"普罗文学",无论当时或现在都有积极的意义,那么他根本否定"第三种文人"也就是根本否定第三种文学和文化,亦即超阶级意识的文学和文化的存在价值,则是大错特错了。在此点上鲁迅其实是自相矛盾的。因为他甚至连对古代艳情禁毁小说都曾笔下留情,表现包容的一面。在此点上,他使本来尊敬他的某些人,后来也对他敬而远之了。而此点对新中国成立以后的中国文学和文化的负面影响之深远,当然是鲁迅所始料不及的吧? 令我们今人重审鲁、梁之间当年的"持久战",不能不替我们这一代人特别崇敬的鲁迅感到遗憾,甚至感到几分尴尬。

如果说梁实秋传播经典文学之所以成为经典的某些确是真知灼见的理论,尤其试图引西方的文学理论指寻中国的文学实践,此念虔诚,并且是有功之举,那么他当年同时以极为不屑的态度嘲讽"大众文学"的弱苗是在今天也有必要反对的。按他当年的标准,《阿Q正传》、《骆驼祥子》、《祥林嫂》、《为奴隶的母亲》、《八月的乡村》,等等简直就登不了文学的大雅之堂了。

而可以肯定的是,梁实秋现在会放弃他当年的错误的文学立场的。

他比鲁迅幸运。因为他毕竟有矫正错误的机会。

永远沉默了的鲁迅,却只有沉默地任后人重新评说他当年的深刻所难免的偏激和片面而已。

正应了"文章千古事,落笔细思量"一句话。

想想令我替文人们悲从中来……

一位在自身所处的时代鱼缸里的鱼似的,游弋在文学的,而且是所谓高雅的那一种文学的理论中;一位在自身所处的时代,备感周遭伪朽现实的浑浊,以及对自己造成的窒息;一位在当年专以文学论文学;一位在当年借杂文而隐论国家,隐论民族。——本是表象上"杀作一团",实质上狭路撞着各不礼让的一场论战。是文学和文化在那个时代空前浮躁的一种现象。正如今天的文学和文化也受时代的影响难免浮躁。

俱往矣!

社会之所以不管怎样地病入膏肓,却毕竟总还"活"着,乃因有人在不懈地做着对我们和我们的下一代极为必要之事;而时代之所以变革,则乃因有勇猛的摧枯拉朽者。

两者都有值得我们钦佩的。

鲁迅——旧中国阴霾天穹上,一团直至将自己的电荷耗尽为止的积雨云。

鲁迅又如同星团,而别人们,在我看来,即或很亮过,也不过是星。

星团大过于星……

/ 沉思闻一多 /

在诗人死后五十六年的这一个夏季,在一个安静的中午,我首先想到的竟不是他的诗,而是他鲜血溅流的死!

多么异常啊,想到一位写了那么多好诗的诗人,首先想到的竟不是他的诗,而是他的死!

他那些如丝一样缠绵,如泉一样明澈,如花一样美丽,如火一样热烈,如瀑布一样激情悬泻,如儿童的哭诉一样打动人心的诗啊——在诗人死后五十六年的这一个夏季,在一个安静的中午,我首先想到的竟不是他的诗,而是他鲜血溅流的死!

斯时亮丽的阳光,洒在他的诗集,和他厚厚的年谱上。

而诗人的死,竟是因为——他不但爱诗,而且,像爱诗一样爱我们的国!

多么压抑啊,想到闻一多,首先想到的竟不是他的才华,不是他的学者气质、教授风范,甚至也不是他那为我们后人所极为熟悉的、嘴角叼着烟斗忧郁地思考着的样子，而是他付出了生命代价的拍案而起！

就因为他的拍案而起，他就成了敌人——成了他所处的时代的特务们的敌人！成了特务们背后的戴笠们的敌人！成了戴笠们背后的蒋介石们的敌人！进而成了整个独裁统治机器的敌人！

而诗人竟也就索性倔然傲然地，以自己是一个敌人的姿态，挺立在他的立场上无所畏惧地挑战了：

"今天，这里有没有特务！你站出来，是好汉的站出来！你出来讲！凭什么要杀死李先生！……"

"前脚跨出大门，后脚就不准备再跨进大门！"

而诗人原本是那么地善良，那么地主张平和，那么地对世界充满了理想主义的憧憬；连是诗人，也曾是一位打算一生"为艺术而艺术"的"新月派"的诗人，即使面对专制得特别黑暗的现实，也不过仅仅将他的一捧捧悲愤糅入他的诗句里……

这样的一位近代诗人惨遭杀害，那么古代的诗人杜甫也就合当被砍头了！

然而杜甫却并非死于非命。

然而闻一多却被子弹像射击敌人一样地杀害了，而且是卑鄙的背后射击。

想来，那样的一种时代；它确乎的已走到了尽头。

想来，那样的一种独裁统治，它确乎的已该灭亡。

想来，一种连抒情诗人也被逼得变成了斗士的时代和政治，肯定是一种坏到了极点的时代和坏到了极点的政治。虽然它本身坏到了那样一种程度，是由于诸多内外矛盾的冲撞导致的结果。虽然在那样一种情况之下，连诗人也变成了斗士，往往意味着是历史的决定。正如普罗米修斯的盗火，是由于听到了人间的呼救之声。

想来，一种好的时代和政治，它似乎应该是没有什么斗士的时代。那时诗人只爱诗不再是逃避现实的选择。那时诗人只爱诗也即意味着爱国。那时诗即诗人的国。而且不被误解。

那时如闻一多一样的诗人，将以另外的一颗心灵感觉着《红烛》；将以另外的一双眼睛注视着他的《发现》。

想来，尽管我们后人将诗人之死祭在肃然起敬的坛上；尽管诗人当得起我们后人永远的缅怀和纪念；尽管我们永远称颂诗人的无价畏惧——但是一想到诗人被特务的子弹所射杀这一种事情，我们还是会不禁地一阵阵心疼啊！正如闻一多是那样地心痛李公仆的死。正如李公仆们是那样地心疼万千底层百姓的挣扎着的生存……

多么自然啊,在首先想到诗人的死之后,我更感动于他的《红烛》了;我也更理解他的《发现》了;更能体会到他面对《死水》的喟叹了;更能以珍惜的心情看待他那些极浪漫极抒情的诗篇了。由那么纯粹的浪漫和抒情到《发现》的如梦初醒到面对《死水》的嫌恶,该是何等痛苦的一个过程啊!如果这过程反过来,无论对诗人还是对一个国家,该是多么值得庆幸的事啊!中国为此,成了世界近代史上付出生命代价最巨大的一个国家。而尤以诗人闻一多的死,在当时最为震撼。

因为诗人只不过对暗杀的行径,表达了他作为一个国人终于难以遏制的愤慨。

> 红烛啊!
> 这样红的烛!
> 诗人啊,
> 吐出你的心来比比,
> 可是一般颜色?

写出这样诗句的诗人,仿佛早已预示下了,他将为他爱诗般爱着的国,溅淌出比红烛的颜色更红的鲜血……

> 我来了，我喊一声，迸着血泪，
> "这不是我的中华，不对，不对！"
> 我来了，因为我听见你叫我；
> 鞭着时间的罡风，擎一把火，
> 我来了，不知道是一场空喜。
> ……
> 那不是你，不是我的心爱！
> 我追问青天，逼迫八面的风，
> 我问，拳头擂着大地的赤胸，
> 总问不出消息；我喊着叫你，
> 呕出一颗心来，——在我心里！

写出这样诗句的诗人，分明的已在宣告着，他为着他的国，是肯于连地狱也下的。

一切诗人之所以是诗人，皆发乎于对诗的爱。

却并非所有爱诗的诗人都同时爱国。

有的诗人仅仅爱诗而已，通过爱诗这一件事而更充分地爱自己；或兼及而爱自然，而爱女人，而爱美酒……

这样的诗人，永远都是任何一个时代所不伤害的，甚至是恩宠有加的。

这样的诗人的命况永远是比较安全的。即使沦落,也起码是安全的。

有的诗人,却被时代所选择了去用诗唤醒大众和民族。他们之成为斗士,乃是不由自主的责任。因为他们之作为诗人,几乎天生的已有别于别的诗人。当他们感觉他们的诗已缺乏斗士摧枯拉朽的力量,他们就只有以诗人之躯,拼着搭赔上他们的鲜血和生命了。

相对于一个国家,如爱诗、爱自然、爱女人一般爱国的诗人,都有着诗人的大诗心。

相对于我们的世界,如爱诗、爱自然、爱女人一般用诗鼓呼和平的诗人,都是更值得世界心怀敬意的。在他们的诗面前,在他们那样的诗人面前。

台湾有一位诗人叫羊令野,他写过一首咏叹红叶的诗:

> 我是裸着脉络来的,
> 唱着最后一首秋歌的,
> 捧着一掌血的落叶啊!
> 我将归向,我最初萌芽的土地……

闻一多,1946年的中国之一片"捧着一掌血的落叶"!一支迎着罡风奋不顾身地点燃了自己于是骤然熄灭的红烛!

他原本是"裸着脉络"为诗而来到世界上的,却为他的国的民主和伸张政治之正义,而卧着自己的血归于他"最初萌芽的土地"。那土地1946年千疮百孔。

在世界近代史上,他是唯一一位被子弹从背后卑鄙地射杀的诗人。

虽然我们想到他时,首先想到的是他的死,其后才是他的诗——却也正因为这样,他的诗浸着和红烛一样红的血色,渲透了文学的史,染红了叫作"中华人民共和国"的一个新国家之诞生的生命史。……

"闻一多"这个名字因而本身具有了交于一切诗的诗性……

/未死的沙威/

某次,在某地,我就小说创作问题谈到了一点儿体会,大意是——人物关系因所谓情节之发展而变化,反之亦然。如同魔方,转动一面,其他五面的格色随之改观,甚而小说的思想主题也随之旁逸斜出……

听众中有人要求我举例加以说明。

我想了想,遂举《悲惨世界》中沙威和冉·阿让之人物关系进行阐述:

雨果对沙威这一人物的形象描写确乎是非常出色的——黑色的高筒礼帽永远齐眉戴在他的头上;而黑色衣服的高领严紧地围住他那短而粗的脖子,并将他那方形的下巴卡住,向上托起;帽檐又是那么地宽,以至于即使一个人和他面对面地站着,也只能看到他的三分之一张脸——一双目光极其阴冷的眼睛,和他那丑陋如狮虎的鼻子,还有那无疑会给人留下凶恶印象的方形下巴。在黑衣外边,是黑色的斗篷。在两条黑色的袖子里,缩入着一双强有力的手。而一根前端铸了铁的手杖，隐藏在黑斗篷底下。当他认为一个穷人在犯罪的时候，他那双强有力的手会迅速地从袖管里伸出来，掐住对方的脖子。而铸了铁的手杖也会显现出来，令对方出其不意，变成足以置人于死地的打击的武器……

当他激怒之前，他的鼻翼两旁便会皱起两道可怕的皮褶，就像狮子或老虎龇出白森森的利齿准备咬死目标那样。

他虽然是人，但却几乎没有人性。

他只不过是专制的国家机器的一个齿轮。一个在粗陋的模子里铸造成的，然而一旦拧在专制的国家机器的某一处很低级的部位，其作用又是绝对不容忽视的。他使人联想到《骇客帝国》里那些似人非人的机械人。他是一条狗，一条凶猛的藏獒。他自己十分清楚这一点，并且引以为光荣。他在平民尤其在穷人面前的傲慢，源于那一种自以为是的光荣。而一旦又面对着达官显贵和富人绅士们了，他立刻就变成了一条乞宠唯恐不及的宠物狗，巴狗之相毕现……

雨果在诠释沙威这一人物的职责信条时的文字也是非常出色的。

雨果写道："他，沙威，人格化了法律、光明和真理。他坚定不移地认为他绝对地代表法律、光明和真理。他威风凛凛,将他的超人淫威遍布于社会良知的天空上。他忠诚、自信、追求他在他那种社会定位的成就感。"

雨果进一步写道:"以上品质在被曲解了的时候,是会变成丑恶的。不过,即使丑恶,也还是自有它的强大。在他暴戾地行使他的权力的时候,他内心里涌起一种寡情而由衷的欢乐。在他那种骇人的欢乐里,正如每一个得志的小人一样,却也有值得怜悯的东西。那副面孔所表现的,是我们可以称之为'忠诚'的丑恶,世界上没有任何东西比这更惨更可怕的了……"

雨果虽然不是鲁迅,他的文学主张虽然与鲁迅有着根本的区别,但他对于沙威这一类人物的批判,那笔力,简直不能不说,也似投枪,也似匕首,刺透沙威的身体,带着惯力,向沙威的眷主们矢飞而去……

但雨果终究是善的,也终究是理想主义的——当冉·阿让救了沙威一命之后,雨果一厢情愿地让沙威选择了投河溺毙。按照雨果的逻辑,在普遍的社会良心和对专制国家机器的忠诚之间,沙威已"走投无路",别无选择,只有一死了之。

即使名著亦有图便之笔。

沙威之死,不但是雨果的一厢情愿,而且,分明是一种太过简单的写法,一种"姑且那般"样的写法。

沙威之到底是沙威，乃因他并不是驸马陈世美派去杀前妻秦香莲母子三人的家将韩琪，也不是奸相屠岸贾派去杀赵盾的家奴锄麑。为家将者，只不过一种寄人篱下的人而已，并不意味着自己的人性早已被异化没了。通常，也并不多么地引以为荣。而那个锄麑，在《赵氏孤儿》中将他说得很清楚：虽也是个杀人不眨眼的汉子，但杀人时一向并不情愿，并且深恶自己的杀人勾当，同时便也深恶自己。只不过其命为奴，比家将还低多了，杀人于是成为不得已事。故韩、锄二人，仍属尚有些人性之人。人性既尚有之，天良发现，便合乎着他们的人性的一点儿逻辑。但沙威不同，他乃是个早已被专制制度异化得根本没有了什么人性可言的"铆钉"。换言之，是个根本没有受过人文主义教化，却对专制主义理念信奉得五体投地的"工具人"。这样的家伙，怎么可能仅仅因为一个在逃的苦役犯亦即专制制度的罪人救了他一命，就人性觉醒，自我了断了呢？他如果尚有一点儿人性，当他那么暴戾地行使他"神圣"的权力对待芳汀时，芳汀跪地哭泣求饶，他不是就该心生出一丝恻隐了吗？然而他不是丝毫也没有吗？甚至，连马德兰市长（冉·阿让）命他放走芳汀时，他还因了他的"神圣"使命振振有词执拗不肯呢！他的"人"性以对穷人的"正当"的暴戾为欢乐，这样了的"人"性还有觉醒的前提吗?

所以,沙威的死,是不大符合沙威这一个"工具人"的工具性的;所符合的,只不过是雨果这一位虔诚的人道主义者的人性逻辑。

那么,至少有一种可能是:当冉·阿让救了沙威一命之后,沙威冷笑道:"你这个永远也改造不好的苦役!你这个该死的在逃犯!你这个竟敢充当一位可敬的市长的下贱坯子!你以为你救了我一命我就会从此放过你吗?你想错了!大错特错了!别忘了我是沙威!我沙威这样的人,那是宁肯死也不愿被你所救的!被你这个该死的逃犯所救那是我沙威莫大的耻辱你懂吗?呸!不要装出你多么善良的样子!你这一套对我根本不起任何作用!难道你看不出来因为你他妈的居然救了我,我反而加倍地憎恨你吗?哈哈,现在你已别无选择!你的末日终于到了!十八年前你逃离了的那一个采石场,将是你——冉·阿让的坟地!哈哈!哈哈!……"

沙威羞辱着冉·阿让,嘲笑着他,内心里所涌起的那一种习以为常的欢乐,比以往任何一次欢乐更是似乎高尚的欢乐。因为,羞辱一个刚刚救了自己一命的罪犯,比仅仅羞辱一个罪犯是更加其乐无穷的事情……

结果，刚刚救了他一命的冉·阿让，万不得已只有再活活掐死他。书中写到的，冉·阿让有一双比沙威更有力的手。

　　当然，如此一改，《悲惨世界》的后几章，也就肯定不是我们所读到的面貌了。

　　还有一种可能是——沙威被救了一命之后，一反常态，对冉·阿让推心置腹起来。

　　他说："冉·阿让，你明白我为什么要锲而不舍地追捕你、缉拿你吗？不明白吧？老实说，起先我自己也不明白。但是渐渐地，在追捕你的那些个日日夜夜里，我由不明白而明白了。我问自己，我这么辛苦地追捕你所为何由？归根到底，你只不过当初由于饥饿而偷过一个面包。我一问自己，茅塞顿开了，我产生了一个新的追捕目的，那就是——我要和你做一笔交易。什么交易呢？对我们两个人都有利的交易，双赢的交易。现在，把你的帽子给我，把你的外套也给我。我要将它们在河里浸湿，然后带着它们回去结案。我就说我亲眼看见你走投无路投入了河里，再就没有浮上来。这几天河水不是涨得很深吗？我说虽然没有发现你的尸体，但你也必死无疑。我对他们一向忠诚，他们会相信我的禀报的。以后呢，你要继续隐姓埋名，继续去办你的厂，或者再换一座城市去竞选市长也行!如果还能和以前一样,又当市长又办厂,最妙。但是,在你的厂里,必须有我的可观的干股!我如果介绍我的亲朋好友到你当市长的那一个市里去谋生,你必须尽心尽意地替我关照着他们!否则,哼!你别不识好歹地瞪着我!我知道你们这种人以前怎么看我的,认为我只不过是权贵们和富人们的一条狗是不是?但我沙威的人性现在觉醒了!以前我不贪财,从现在起我对金钱大有好感了!以前我不近女色,从今天起我要变成一个好色的沙威了!我也是人,我干吗那么缺乏人性?我再也不甘心仅仅充当一条狗了!说!给多少干股?开口之前你可考虑好了!少了别怪我又立刻跟你翻脸!……"

像沙威这么一个家伙,他的人性的复归,那是绝不可能一下子就复归到一个比较高尚的层面上去的。根本没受过任何人文主义的教化啊!所以他自谓的复归,那也只能从很俗恶的层面开始。

第三种情况也不排除,便是——冉·阿让见自己救了沙威一命之后,沙威还是那么的穷凶极恶,无奈之下,从怀中掏出一袋金币对其行贿。冉·阿让十分清楚自己每一天都在被沙威追捕着,思想上是有准备的,故经常随身带着一袋金币。当过一个时期"马德兰"市长以后,他对统治阶层的人士,包括沙威这类

"工具人"有了更为深刻的认识。他已然看得分明,他们嘴上所说的,和他们实际上内心里所想的,暗地里所干的,原来是那么地不一样。权、钱、色才构成他们的真本的追求目的。沙威也不例外。沙威只不过位置爬得还不算高,整天所替上头摆平的尽是些穷人,没谁贿得起他,故他才一向保持住了清廉的假象……

自然,可以想象得出沙威起初是如何装出一副拒腐蚀永不沾的嘴脸的。于是冉·阿让又诱以干股。他如此这般之时,心中想到了自己对芳汀的庄重保证;想到了克赛特还不能失去他;想到了自己对克赛特的幸福还继续负有的责任;当然,也想到了那一位对自己的心灵发生重大又深远之影响的好主教米里哀;进而,还想到了上帝,尽管他不是一个虔诚的宗教徒。

他并不感到自己的行为可耻。他认为真正丑陋的并非自己,而是逼自己为罪犯的社会现实。认为如果有上帝,一定能够从天堂看到人世间所发生的许多悲剧,并能分清善与恶,得出与自己一样的结论……

总而言之,我自少年时起,就从《悲惨世界》中看出,沙威这种家伙,那是绝对不会轻易将自己的生命了断了的。所谓"良知发现",对于他这种家伙纯属无稽之谈。

以上任何情节和人物关系的改变,无疑都将使《悲惨世界》的后几章与现在的面貌大相径庭,也无疑具有戏说的意味——对于雨果和《悲惨世界》这一部世界名著,自然是很不敬的。

但,未死的沙威,却又会留给我们喜爱《悲惨世界》的读者多么大的往后想象的空间啊!

比如此刻的我,就不由自主地产生了这么一种想象——冉·阿让的后代们,将他们的厂办到了改革开放之后的我们中国;而沙威的后代们,在将近二百年的时间里,依然像前者们那么继续占有干股,并依然不劳而获地每年分着红利。

而且呢,他们发现中国目前正存在着为数更多的沙威,巧取豪夺的行径和手段,比他们的先祖多了去了,经验也多了去了。还都一个个人模人样的,不以为耻,反觉得意。

于是他们也全没了心理上的犯罪感。

想当初,真正"走投无路"的,并不是沙威们,而是雨果们。

独裁的社会制度,雨果们所厌憎也;革命的暴烈行动,雨果们所忧虑也。于是,最终又只能重新投入自己年轻时所猛烈攻击的宗教的怀抱,传播人道主义,聊以自慰。

没有人道主义原则的人文主义,其实什么主义也不配是。

人道主义,文学或可最后固守的一种立场。

若连这一种起码的处于底线之上的立场都丧失了,作家也就简直没法儿做人了。

教授之死

教授六点半出门,去某报主编家。他是位社会心理学教授,应约为某报写了一篇较长的文章,题目是"勿以善小而不为"。内容嘛,无须赘言,读者诸君自会明了。主编极欣赏教授的文章,已决定作为重点文章推出,希望能引起全社会的讨论。只不过对题目稍存异议,认为未免太直白了点儿,不似学者文章了。电话里说服教授改个题目。教授不打算改。他想,自己那篇文章并非是在做学问,而是在谈社会现象。不是为研究生们写的,是为全社会人写的。所以直白的题目,正符合着自己的初衷。他此去主编家,就为一件事,反过来说服主编接受那个被认为"太直白了点儿"的题目……

教授是个很守时的人,他估计会提前五分钟到主编家。

他今天的心情特别好,因为女儿从美国来信了。女儿在信中向他"汇报"三件事:第一,获得了法学硕士学位；第二，已经有了心上人；第三，怀孕了。一个月后，将与心上人同时回国正式举行婚礼，此后定居国内……

这三件事，一件比一件令教授欢喜。当然，信中还有些别的内容：介绍未婚夫的性格、人品、专业，父亲是一位局级干部，母亲是一位高级会计师……

教授想，这门亲事，也可算是门当户对了。虽然他在女儿的婚姻问题上毫无封建观念，但门户相当总归是好的啊！

教授只有这么一个女儿，不说是掌上明珠，也可以说是心中最大的安慰。

信中还夹了一张照片，是一对爱人的合影。小伙子形象挺斯文，清丽的女儿，小鸟儿依人似的，和他偎得那么亲昵……

从收到信那一天起，教授已经开始"倒计时"了。

教授在不是教授才是讲师的年龄被打成了"右派"，结果就由讲师而农民了。所以40多岁才结成婚。当年的农村女子，嫁给讲师自然是一百个乐意的。但是按部就班地嫁给农民也无所谓。就是都不肯嫁给由讲师而农民的男人。这样的男人既没工资也挣不了几个工分，何况40多岁了，何况还是"右派"。

当年坚定不移地要嫁给他的，是一名插队的女知青。她嫁给他当年在村里是一个"事件",是"阶级斗争的新动向",是"无产阶级小知识分子向反动的资产阶级大知识分子的投靠"。尽管他一再"诡辩"——自己骨子里既不反动也不算"大知识分子",但人们都认为他肯定反动无疑,而且够大的了。

她因与他结婚,也被时代划入了"另册"。

但是他们当年是何等的相亲相爱啊!

两年后她死于难产,他怀抱着刚刚出世的女儿痛不欲生。以后他的男人心中便渐渐有一种母性的情怀形成了。这是由于对女儿的双重的爱而形成的,并且每每不由自主地从内心里向外释放,待及他人。尽管他人不因此改变对他的阶级立场……

现在,他早由当年的讲师而教授了,还出了好几部社会心理学专著,还去国外进行过学术交流,全社会却没什么人拿他当"大知识分子"了……

教授一招手,一辆出租车停在他跟前。那是一辆"夏利"。教授坐入车里,伸出手刚要关上车门,后边过来一辆自行车,骑车人的肩头撞在车门上。教授感到大拇指一阵剧疼,低头一瞧,指甲被骑车人的脚蹬子卡于车门,卡青了。

教授刚想说——你这人怎么骑的车啊?却首先听到了那骑车人的一吼——你他妈怎么停的车!

教授用另一只手捂着作疼的大拇指，扭头朝车外一看，见那么凶恶地发吼的，竟是一个女人。五十六七岁，高而且壮。对，不是胖，是壮。

教授想，我不是司机，这话不是问我的。

他向司机瞥了一眼，司机不动声色，暗示他关上车门。

教授只得向那身高马大的女人赔笑脸，抱歉地说："对不起啊，我下次一定注意。"

他关上车门，车开走了。

司机嘟囔："这女人，张口就他妈的，什么德行啊！"

教授又冲司机笑笑，息事宁人地说："唉，在气头儿上嘛。也是可以理解的。"

司机朝教授的手瞥了一眼，挖苦地说："您真有涵养，要是我的手指被弄成那样，今天和那女人没完。可恶的女人！"

教授说："何必呢。她又不是故意的。"

车开出去没有五十米，一辆自行车从后边超到车前，车身一横，挡住了方向。

司机急刹车，教授的头呼地撞在车内的铁栏上。那真是好险的情形！

教授定睛看时，见是刚才那个女人。

她蛮横地叫道："下次？这次就得说清楚！"

司机说："是你自己撞在车门上，又不是我开车撞了你。"

那女人说："就是你的车撞了我！你的车门撞了我！休想一走了之，没那么便宜的事儿！"

司机说："又不是我开的车门，是这位乘客开的车门，他开车门撞了你，还是你撞在开着的车门上，我也没看清楚，你有理和他讲！"

教授觉得很有必要替自己辩护了，他彬彬有礼地说："女同志啊，您这就太过分了点儿。不是我开车门撞了您，是您撞在开着的车门上，对吧？一辆出租车开着车门，又是在大白天，几百米以外就可以望得清楚，对吧？何况，您也没撞伤，您究竟要怎么样呢？"

教授对目前的世相民风也是了解一二的。他知道在这种情况之下，大抵是要靠钱来调停的，所以他才问最后那一句。如果对方要五十元钱，他会毫不犹豫立刻掏出来就给。他曾目睹过两个骑自行车的人相撞了，感到自己欠理的那个问："你说怎么办吧？"另一个捻匀着手指回答："咱俩也甭浪费时间，你给半条烟钱拉倒！"对方够爽快，掏出一百元往另一个手里一塞，于是二人都不再啰唆，跨上自行车各奔东西。教授打算向那个爽快的男人学习。但他身上只带了一百零几元钱,不能都给那女人,得留下五十元来回"打的"。他想,那女人不见得是女"烟民",何况也不怎么占理,五十元是该打发得了的吧?他一心巴望那女人让开路,出租车快一点儿开走……

岂料那女人双眼一瞪,怒道:"你少跟着搅和!哪儿凉快上哪儿待着去,别自找引火烧身!"

教授见她那副刁蛮样子,明白是碰上个无赖女人了,或者是个患"更年期综合征"的女人。也同时明白那出租汽车,一时半会儿怕是动不了地方了。

教授怀着几分内疚对司机说:"师傅,我有事要办,看来你的车我坐不成了,我得另打一辆'的'……"

教授说罢下了车。

司机也赶紧下了车,扯住教授的袖子说:"别走别走。老先生您走不得。您走了,我这算怎么回事儿呀?"

那女人,则望着他们冷笑。

教授愣了愣,心里虽然急,脸上却尽量微笑着,尽量以平和的口吻说:"师傅,我要坐进你的车里,就得开车门吧?我不是一只飞虫,能从窗子钻进你的车里去。我一点儿过错都没有哇,我怎么不能走呢?你扯住我袖子不许我走,不是等于无理扣押乘客吗?"

听了教授的一番话,司机的手缓缓松开了。

教授得以摆脱，匆匆地往前走。心里未免生气，但主要还是生那女人的气。他想，那司机也够倒霉的，我一招手，他就把车停了，结果就摊上了这么一件窝火的事儿。虽然并不怪我，可毕竟是我给人家添了麻烦啊……走出五十多米，不禁地回头望，见出租车自然还停在那儿，已围了些看热闹的人……

教授继续往前走，继续想，事儿由我引起的，我倒好，一走了之，将一个既刁蛮又无赖的女人只留给司机一人去对付，是不是有点儿太……那个了呢？我不是主张与人为善的吗？在这件具体的事儿上，我不是有点儿言行不一了吗？

这时他已走出了一百多米。他的脚步放慢了。他不禁地再次回望，见看热闹的人围得更多了……

教授犹豫片刻，一转身往回走了。他分开看热闹的人，走近出租车，见那女人已很撒泼地坐进了车里，坐在他坐过的座位上，样子是更加刁蛮了，猜不透她打的什么鬼主意。

教授将自己的一张名片递给司机，说："师傅，真对不起啊，不承想让您摊上这么一件事儿。她要去医院，医疗费我出了；她要什么赔偿，也可以算在我名下！不就是几十元钱一百来元钱吗？早直说，早满足她了……"

那女人并不看他,瞪着两眼望向车前方,嘴角聚着两抹阴阴的冷笑。

教授到主编家里,已经八点多了。比预约的时间迟了一个多小时。教授将那件意想不到的事儿讲了一遍,主编沉吟良久,缓缓地说:"我的教授先生呀,在理论上,我完全同意你的主张,在现实经验方面,连我也不敢照你的主张以身作则啊!"

教授说:"著文劝世之人,该讲言行一致。我心甘情愿。"

主编说:"感动,感动。"

至于教授那篇文章的题目,主编倒没太固执己见,很轻易地就被教授说服了。

主编将教授送出家门时又道:"你呀,已经走掉了,干吗又回去呢?千不该万不该,不该还主动将名片给人家。"

教授说:"图的是好心情。否则心情会不好,会觉得太对不起司机。"

教授回到家里,仍寻思那件事儿。他想,社会是变了。同类小事儿,若在从前,无非道个歉,说句"对不起"。现在,光道歉不解决问题了。说许多句"对不起"也不行了。得给钱了。这也好,简单。商业时代。但是似乎该明码标价,比如在人挤人的情况下谁踩了谁的脚,一方应付另一方人民币多少;出门进门谁碰了谁的肩,又应付人民币多少。随着人民币的贬值,价码又应逐年上调。真的好。那样一来,每一位中国人,就真的成了"神圣不可侵犯"的个体了。谁咳嗽时唾沫星子溅到了别人脸上,甭道歉,甭说对不起,那都没用,多余。点出几张人民币往对方手里一塞就是了……

教授想得好玩儿,径自"扑哧"笑了。

第二天晚上,教授家里来了人,是那司机两口子。按着名片找上门来。

司机落座后,吸着一支烟。从昨天教授走后缓缓道来,说那女人如何又纠缠了他一个多小时,他如何带她去了医院,如何又开车将她送回家……

教授正改着学生的一篇论文,心里虽然充满内疚和同情,却没时间细听,催司机快说花了多少钱。

司机才不再讲下去,掏出几张单据,一一向教授交代:"这是挂号费,这是药费,这是拍 X 光片的单据……"

"还拍 X 光片?"——教授不禁愕了愕。

"对,她非要求拍。"

"有问题吗?"

"没有,半点儿问题也没有。"

教授一时悬起的心定了。

"你说吧,共计多少钱?"

"一百四十七元八角六分……"

在教授和司机对话之际,司机的妻子不停地从旁自言自语:"我们招谁惹谁了,我们招谁惹谁了!我们招谁惹谁了……"

仿佛是在声明、在抗议、在示威,一声比一声高。

教授暗想,毕竟还不算多。掏出钱包,点出一百五十元交给司机,之后说:"别找我零钱了……"

教授故意看了一眼手表,又补充道:"我正忙着……"

司机说:"看得出来,看得出来……哪能不找您钱呢……"

于是司机也掏出钱包。摊了教授一桌子零钱,凑分点角,直到找清给教授为止。

"这一笔过喽,咱们该过第二笔喽……"

"还有……第二笔……"

"别皱眉,您老先生别皱眉……只要您痛快,第二笔也几分钟就能了结……"

司机将半页纸递给了教授。教授狐疑地一看,见是一张"收据"。拙劣的字迹写着收到了九百九十六元"工资补偿"。

"这是什么意思？"——教授眉头扭成了疙瘩。

"您听我一解释就明白——那女人已经提前退休了，又在一家公司任会计。她说她的月薪是两千五百元。那么每天是八十三元。医院给她开了两个星期的病假，八十三乘上十二天，等于九百九十六元。我已经替您垫付给她了。我也是为您好，怕她上门滋扰您。如果您不留下话和名片，我是不敢自作主张的。可您当时留下舌了。您给我的名片可以为证……"

"我们招谁惹谁了……"

司机的妻子又及时地嚷了一嗓子，其声尖且恼。教授不禁朝她看去，从她脸上发现了那个无赖女人脸上所具有的同一种东西。

"你，不是说，照了片子……半点儿问题也没有吗？"

"那是，那是。的确半点儿问题也没有。可是从 X 光片上只能看出骨头的情况。她非说她腰闪了，一躺下就不起来，直哼哼。医生拿她没法子，只得给她开了两个星期的病假……"

"岂有此理！简直岂有此理！"

脾气一向很好的教授，不禁拍了下桌子。他那指甲被卡紧了的大拇指震得一阵疼，使他促吸冷气……

"我们招谁惹谁了，给我们找这么大麻烦！"

教授又朝司机的妻子看去，头脑中迅速地进行了一番判断——司机会不会和那女人勾结了讹诈于他呢？他将目光注视向司机，立刻否定了自己的胡乱猜疑。并因而谴责自己对别人的胡乱猜疑太不厚道。

教授觉得司机是个老诚人。

教授给了那司机九百九十六元。他看出来了，两个女人基本上是同样的女人。他不给钱，他们是不会离开他的家的。晚给莫如早给明智。他头脑中当时也闪过一个念头，想与司机商议，九百九十六元二人分担。但司机的妻子的模样，使那念头只在他头脑中一闪便彻底打消了……

司机两口子走后，教授的思路已没法重新回到学生的论文上。他徒自生了半天气，也不禁地高叫一嗓子："我招谁惹谁了……"

但是仅仅几天后，教授便将这件事忘却了。因为他收到了两笔稿费，加起来一千多。不但补上了那一千一百四十三元八角六分的"意外"经济损失，而且还似乎"盈余"了几百元。这使教授的心理获得了一种自欺欺人的平衡。他打算用两笔稿费给将成为他女婿的那小伙子买件礼物，只是买什么还没想好……

两个星期后，也是在晚上，教授家来了一位律师。三十几岁，瘦高个儿，戴眼镜，给人一种精明强干、踌躇满志的印象。教授家几乎各行朋友都来过，就是从没和法律沾边儿的人来过。教授对律师的到来非常讶然，以为他找错了人家。他却胸有成竹地说他绝对没找错人家，找的正是教授。

律师彬彬有礼地问："两个星期前，您乘出租车时，开车门撞了一位骑自行车的女同志……"

教授回答："是发生过那么一件意想不到的事，但……"

律师打断他的话："您先别急着辩解，请允许我把我的来意讲完。"

教授心里对他用"辩解"一词十分反感，出于主人应有的礼貌，隐忍着听他先说。

'现在，那位女同志是我的当事人了。她因腰肌扭伤，目前仍不能上班，仍需休假半个月，也就是十五天。喏，这是医院开的病假单。她的工作是临时聘用性质，因意外假不发工资，所以，工资要由您补偿。喏，这是她所在的公司出具的，证明她每月两千五百元工资的证明。半个月十五天，您应补偿她一千二百四十五元。如果您明智地承担责任，那么我今天就替她把钱带回去。否则呢，您不久将作为被告，收到法院的传票……"

"讹诈！勒索……"

教授叫喊了起来，脸腮抽搐，浑身发抖。

"您别激动，别激动。您刚才不是已经默认了，是发生过那么一件意想不到的事吗……"

"你刚才打断了我的话！不是我开车门撞了她，是她撞在开着的车门上……"

"难道会是这样吗？"

"不是难道，而是当然！当然会是这样！"

"会是，就意味着不一定当然。"

"你……你给我出去……"

"那么，您是准备接受传票喽？"

"滚……滚……"

教授气得脸都发青了。

几天后，教授接到了传票。他常听人讲，谁想告谁，从法院立案到发出传票，时间往往挺长的。他万万没料到，法庭传自己的传票，到得如此之神速。他曾想到过要与些朋友们商议商议对策，但又实在不愿惹得别人为了自己的事也和自己一样大动肝火，便没跟任何一个人说。他也曾想到过应该请一位律师，但考虑来考虑去，估计到请律师准要花一笔比"赔偿"还多的钱，而且得抽出一定的时间和律师泡在一起，此念他打消了。堂堂教授，自己占着理，还怕上法庭吗？还需请律师在法庭上代言吗？最后这么一想，他胸中升起了一种类乎"孤胆英雄"的气概……

然而,一审的结果是,教授当庭大败。

法庭允许那女人因"身体不便"不到庭。

司机作为唯一"目击证人"出庭了。他在法庭上的表现比给教授的印象还老诚。他的证言却对教授极为不利。真是既老诚又卑鄙。

他说——不是那女人撞在开着的车门上,而是教授一开车门将骑自行车从旁经过的那女人撞倒了。

法官问:"你能对你的证言负法律责任吗?"

司机平静地回答:"能。我不是法盲。我懂法。"

教授当庭冲他大叫:"可耻!撒谎!你作伪证……"

司机耸耸肩,眯起眼睛望着教授说:"我并没撒谎,所以我不感到可耻。我和那位女同志非亲非故,和你无冤无仇,为什么要作伪证呢?"

他说得那么的襟怀坦白,他的表情那么的诚实可信。相比于教授冲他的大叫,他的平静尤其显得比教授有修养,难能可贵而且简直可敬。

"你……小人!小人……"

教授指斥着他,脸涨得紫红紫红,嘴都由于咬牙切齿而扭歪了。

司机清白且无辜地耸了一下肩,摇了一下头,苦笑着说:"不管您气成什么样儿,不管您多么恨我,我只能说我亲眼所见的真实情况。因为我明白,我的证言将产生法律效果。所以我不能按照您心里所希望的那样回答法庭的讯问。"

教授求援地向法官们望去,而这是相当愚蠢的。这使他显得茫然不知所措,显得方寸大乱,仿佛一个孩子的谎言被当众戳穿,而智力却有限得很,不能巧嘴花舌现编出第二套似的。从法官们严肃的态度不偏不倚的脸上,教授发现了对于司机的诚实不动声色的赞赏。

教授绝望了。

事实上他也真的方寸大乱了。预先思考过的陈述条理、辩驳逻辑,以及理直气壮地维护自身权益和义正词严地谴责那个无赖女人的讹诈行为的话语,统统被一块无形的脏抹布从头脑中抹去了。他头脑中顿时一片空白,处于一种不可名状的懵懂之境。

"被告,你还有什么可说的吗?"

法官的声音,似乎是从极遥远的某处地方传向他的。

"我……我……看……"

教授竖起了受伤的大拇指。它那紫黑的指甲已向上翻翘起来了,不久后肯定完整地脱落无疑。

法官出于审案的认真,竟离开法台走到了他跟前,俯下头仔细看他的大拇指。

法官同情地说:"伤得可真不轻啊! 但这与本案有什么直接关系吗?"

教授心中产生了转败为胜的希望。他说:"是那个女人的自行车脚蹬子卡的! 我的手正搭在车门上,她的自行车冲过来了! 可是我就不像她,并没因此和她纠缠不清,更没想到要告她索求什么赔偿……"

法官说:"你也是有她那种权利的。你要反告,我们也是会受理的。法律面前人人平等。"

教授大声说:"我当然要反告她! 我当然也要索求赔偿! 我要以其人之道,还治其人之身! 否则这世上没有公理可言了!"

法官说:"老同志,别这么说。不能因为一件小事,就把社会看得太糟了。你要反告,有旁证吗?"

教授朝司机一指:"他! 他就是证人! 当时见我攥着手指直吸冷气,他还骂那个女人可恶来着!"

法官回到法台上以后,望着司机问:"那么,你为他作证吗?"

司机说:"不,法官,我不能就此作证。因为当时并没有发生他说的那种情况。我更没骂过那个女人。不错,他是教授,是文明人,那我们出租汽车司机就一定都是一张口就骂人的人吗? 而且还要替别人骂? 至于他的手指究竟是在什么地方,怎么弄伤的,只有他自己心里最清楚。"

司机不但显得清白、无辜、诚实,而且显得人格被侮辱与被损害了。

这时,那女人的律师开口了。

他激动地说:"法官,由于对方没有人证,希望法庭本着重事实、重证据的法律原则驳回被告的反告!"

他将脸转向教授,接着说:"某些被告,在企图摆脱法律责任的错误心理的促使之下,往往以攻为守,倒打一耙,这早已是司空见惯的法律现象!本律师对此现象深恶痛绝!相信这样的被告是不会得逞的……"

律师似乎还想多说几句激愤的话,但被法官制止了。

法官说:"法庭提醒原告律师注意这样一点,此案只不过是一桩后果并不大的民事纠纷案。所以反告即使不成立,性质也没有您说的那么严重、那么恶劣。对于民事纠纷案,我们的原则一向是能调解就不放过调解的机会……"

教授听出来了,法官分明是在维护他作为教授的自尊。他内心里不禁暗暗地感激法官,但同时也开始可怜自己。他明白自己是有口难辩了……

最后法官宣布,原告要求赔偿的事实成立,理由正当。且金额不高,完全在被告的经济承受能力之内，故被告应限期对原告进行赔偿。至于诉讼费，本应亦由被告负担，法庭考虑到原被告双方都是知识分子，事出无意，那么双方都有个心理平衡问题，予以免去……

教授就如此这般地、无人知无人晓地、悄悄地输掉了那一场官司。

教授曾打算向中级人民法院上诉，但考虑来考虑去，最终决定不上诉了。因为司机作为唯一的证人，似乎已经是那无赖女人的同伙了。他觉得即使上诉被接受了，自己也没多大讨回公道的把握。

他及时给了那一笔钱。

他病了几天。

在病中，他这样劝解自己——像生物界有毛毛虫、有水蛭一样，人类的社会中，总是难免也有无赖的。既有，便不可能全是男的，全是年轻的，全是非知识分子。就当自己被爬上身的毛毛虫蜇了，被水蛭吸去了点儿血吧。

这么一往开了想，他的病慢慢好了。

一天，他正在家中闲坐读书，电话骤响。是那司机打来的。

司机在电话那一端说："老先生，我很对不起您。但我那样做，实在是没法子。如果我不在法庭上那么表演,那无赖女人就会告我的。如果她再一个月不上班,我哪儿经得起呀!您设身处地替我着想着想,我归出租汽车公司管着,又归交警大队管着,而他丈夫是正管着我们出租汽车公司的一位局长。并且还与交警大队的头头儿们是朋友。那律师,也和他们是亲戚。我哪儿惹得起他们呀!所以我只能牺牲您。不牺牲您我牺牲谁呢?难道非让我牺牲我自己吗?反正咱俩共同摊上那件窝火的事儿了总得有一个牺牲一下的。而我上有老下有小,是根本牺牲不起自己的。其实您老留给我的印象非常好,实在是太好了!哪儿有您这样的乘客呢,摊上了事儿,本来可以推得一干二净,本来已经走掉了,却又回来留下名片,主动提出承担全部责任。我以后再也不可能碰到您这么好的乘客了!但话又说回来,您那也是自作自受啊!您如果不回来,不留下名片,不当着那女人的面说那些话,我兴许还偏和那女人置置气呢!她如果当天没从我这儿讨到什么大便宜,也就不会第二次找您了,咱俩也就不会在法庭上又见面了不是?但不管怎么说,我认为您是一位好人。我不愿给好人留下恶劣的印象,所以呢,我打算去看望看望您……"

教授默默地听那司机尽说尽说,并不打断他。

待话筒那一端没声了,教授才反问:"说完了?"

"说完了。"

"你别来我家。我不想再见到你。"

"那……那我也不敢非去打扰了。不过老先生啊,我奉劝您一句,千万别上诉。您想啊,我是唯一的证人,我会为您改证词吗?我不改证词,您注定了还是输。再让法院传我一次,再逼我作一次伪证,再让您生一次气,再让我良心不安一次,于您于我,有什么好处呢?何苦的呢……"

教授一字未答,缓缓放下了电话。如同将一条半死不活的鱼放在水里,有几分恻隐,又有几分回生乏术的无奈和沮丧。

电话立刻又不停地响起来。好像在发出哀号。

教授第二次将听筒抓起……

"就一句!请耐心听我说最后一句,尽管我卑鄙,尽管我对不起您,但我认为我们的心是相通的!心是相通的!在道德立场上我是站在您这一边的……"

教授还是不想回答什么,他干脆将电话关了。

但教授内心里有点儿怜悯起那司机来。相比于自己被讹诈了两千几百元钱,他觉得那司机被讹诈了比钱重要得多的东西。

教授放下手中的书,开始回忆自己在法庭上"理屈词穷"的过程。明明自己有理,怎么就落了那么一个结果呢？尽管那可怜又可鄙的司机作了伪证，但起码也会给自己留下点儿理渣儿呀！他认为事实是一种只能被歪曲而不能从根本上被消除得不留痕迹的"东西"。自己当时在法庭上怎么就连事实这"东西"的一丁点儿痕迹都没抓住呢？现在，官司本身的胜败对教授来说反而无所谓了。两千几百元钱更无所谓了。教授一心只想找到那事实毕竟存在过的根据，如同一个人要找到确实晃花了自己眼睛的一束强光的射来之处。找到了也没什么特别的意义，不找到却又那么的于心不甘。

事实明明是那个无赖女人自己撞在开着的出租车门上，却成了我开车门撞了她……却……我开车门……撞了她……可我是上车，不是下车，我已经坐在车内了，那么就只有关车门一说，还开车门干什么呢……对，对呀！我开车门干什么呢……谁能回答？我开车门干什么呢……

教授一经想明白自己在哪个环节上"失利"的，就不免后悔没请律师了。唉，唉，唉，自己毕竟不是法律系教授啊！太自信了，太自信了！真是自信反被自信误啊……

他虽然找到了事实留下的这一任谁也消除不了的重要的"痕迹"，仍不打算上诉。

他想，现实之中被严重歪曲的事实还少吗？有许多事实存在过的"痕迹"，不是仍没被重新发现吗？事实有什么了不起的？事实就不可以被强奸一次？我有什么了不起的？我就不可以再被公正地冤枉一次了？

他这么一想，心中就没有什么遗憾，而仅有一种类乎发现了真理奥秘的愉悦了……

但是——"我为什么要开车门呢"这一句话，却从此成了教授的一句呓语。一句睡梦中并不说，醒着甚至头脑非常清醒的状态下才说的呓语。

在大学的教室里，讲课之间，他会突然地冒出一句——"我为什么要开车门呢？"

于是学子们面面相觑，不解他此话的意思何在。

在与人交谈时，他也会突然冒出一句——"我为什么要开车门呢？"

于是对方大为莫名其妙。

独自一人在家里时，也会突然冒出一句。

有一次，在电视台接受现场采访，他搞得女主持人竟有些狼狈。他那篇题为"勿以善小而不为"的文章见报了，颇有反响。电视台正是就那篇文章采访他。

几分钟的对谈后，年轻貌美的女主持人又问："教授，请您对观众谈谈关于善的见解吧！"

他目不转睛地凝视了对方片刻，突然反问："我为什么要开车门呢?"

主持人小姐眨巴了一阵眼睛,不知说什么好。

他追问:"我为什么要开车门呢?"

她红了脸说:"没想到我们的教授如此幽默!亲爱的观众们,教授也等于是在反问你们呀?让我们大家共同思考教授这句话的深意吧!教授是不会在接受采访时乱开玩笑的,请记住那句话是——'我为什么要开车门呢?'"

教授再也不坐出租汽车了……

女儿如期归国。女儿已经有了四个月的身孕。以前苗条的腰肢变得浑圆了。教授一想到将要做外公,心里就喜滋滋的。女儿却感到父亲有些不对头的地方。但究竟哪儿不对头,一时又说不清楚。

有一天吃晚饭时,女儿问:"爸爸,你为什么总在家里说'我为什么要开车门呢'这一句话呀?"

教授放下碗,郑重地回答:"那是事实的痕迹。每一个事实,只要存在过,无论怎样被歪曲,终究会留下点儿痕迹。"

女儿笑了,说:"爸呀,您现在变得满脑子哲学了!"

教授回答:"这不是哲学。这是世相丑陋的尾巴,正和我的专业有关。"

吃罢晚饭，教授坐在沙发上。女儿坐于地，上身伏在教授膝上，开始娓娓地向教授讲自己留学生活的艰难。讲着讲着，女儿落泪了。

"爸，咱们中国人，尤其大陆去到美国的年轻人，其实彼此一点儿也不关心，一点儿也不互相帮助。仅仅希望获得别人的帮助，甚至希望巧妙地利用别人一次，心安理得地占别人一次便宜……"

教授问："那么，你和他呢？我的意思是，你们怎么结识的？"

女儿说："我们各自都为省钱，合租了一套房子。他住大间，我住小间。有时心里都很寂寞，后来慢慢就想好了……"

"我想，他肯定无私地帮助过你。"

"不，爸爸，因为他一心想讨好我，所以他对我的一切帮助都谈不上无私不无私。可我现在真的觉得自己很爱他……"

教授想告诉女儿，中国人在国内的关系，其实并不比女儿在美国感到的强一点儿。但张了几次嘴，没忍心那么告诉女儿。

第二天，女儿的"他"来了。并不像照片上那么相貌端正，身材还不及女儿高。但还算看得过去。教授觉得女儿嫁给他，是有点儿低就了。但既然女儿说很爱他，教授准备和女儿对他的感情保持一致。

他们在厨房里配合着做饭，教授在厨房门外剥青豆，听他们一问一答亲亲爱爱地说话。

"哎，你猜我妈送给你那条项链怎么来的？"

"你问得怪，买的呗。这还用猜？"

"不是买的。"

"那还是偷的抢的不成？"

"当然也不是偷的抢的。我妈好歹也算一女知识分子，能干犯法的事儿吗？我说不是买的，是指不是花自己的钱买的。"

"那就是别人送的。"

"等于是别人送的。可送的人，我不认识，你也不可能有机会认识。我不是跟你说过，我妈那单位效益不好，每个月只开几百元，所以提前退了吗？后来我妈不是在我爸那个局下属的一个公司上临时班吗？没承想那公司的效益好了一阵儿，也不好了。每月开的钱少，我妈心情当然就不好。这年头儿，只有一样东西能使咱们中国人高兴起来，那就是钱。一天我妈下午早早的就离开公司了。在骑车回家的路上，由于想心事，结果就和另一个骑自行车的女人撞上了。结果对方就捂着肩膀赖上她了，不管我妈说了多少句对不起，非要我妈陪她上医院不可。要不就得给她一百元钱皮肉赔偿。我妈怕一上医院，反而被她赖上，只得给了她一百元钱了事儿。其实，她肩膀根本没怎么。女人的肩膀撞女人的肩膀，能撞出问题来吗……"

"中国人现在怎么都变成这样了啊！"

"听我往下讲！我妈心里这个气呀！一气，眼神儿不好了。没骑多远，又撞在一辆出租汽车开着的门上。这下我妈可火透了，不干了。拦住那出租汽车不让开走！我妈心里想啊，那一百元得从出租汽车司机钱包里抠出来。司机当然是不情愿的喽！可一乘车的，充阔佬儿，说一切赔偿都包在他身上了。还给司机留下了名片。这你说我妈还客气个什么劲啊？一不客气，敲了对方两个星期的工资。其实我妈那公司，因为效益不好，每天才发给她十几元钱。后来，我妈第二次又索赔了一千多元。两笔钱加在一起，我妈给你买了那条项链。你要知道，我妈一辈子自己可没戴过项链！你说我妈对你多好哇！为了讨好你简直就不择手段了！我妈给你肚子里那小宝宝预备的小衣、小裤、小鞋，就是在家休病假的日子里闲着没事儿做的。我回来后我妈还絮絮叨叨地对我说过，要是不用上班，总有人按每天八十几元的工资赔偿着，那什么心情……"

教授觉得自己周身的血渐渐冷却着、凝固着，思维一片空白。大脑仿佛石化了，仿佛只剩下最中央一个核桃那么大的部分仍有点儿感知。他窒息得透不过气儿来。

女儿听到"咣当"一声响,从厨房奔出,见菜盆翻扣在地,剥出的青豆滚了一片。父亲面色苍白,两眼呆得直勾勾的。双手皆攥成拳,浑身在抖。

女儿惊问:"爸你怎么了?怎么了?"

教授瞪着她,不住地摇头,张了几下嘴,却一个字也没说出口。

"女婿"也奔出来了,与女儿一左一右将教授搀起,扶进卧室,安顿在床上躺下。

女儿不停地替父亲抚胸口。"女婿"站立一旁不知所措。

教授深喘了几大口气,苍白的脸色终于又红润了。

他低声说:"没事儿,我没事儿……老毛病了……"

他躺了半个多小时,伪装出好心情,陪着女儿和"女婿"吃了那顿饭。

女儿心里的不安却没打消。她怕父亲夜里再那么发作一次,自己应付不了,要求"女婿"住下了。

第二天早晨,教授走出卧室,见女儿和"女婿"在阳台上。女儿坐在竹椅上,"女婿"蹲着,头侧贴在女儿腹部……

女儿悄问:"听到了什么?"

"女婿"说:"小东西在叫爸。"

"胡说!"

"现在又开始叫妈了。"

于是女儿笑了。笑得那么甜蜜、那么幸福。

教授望着他们的亲爱情形,心里矛盾极了……

婚礼的形式是中外结合的。

教授寻找种种借口不参加,可女儿一落泪,他临时改变主意,还是参加了。

他终于又和那个女人见面了。

相见之际,她是怎样的尴尬,自不必说。她的头发染了、烫了。她脸上还化了妆。教授觉得她更加丑陋了,像一条被包裹了的花色毛虫。

教授想不明白,会计师,起码也是大学文化程度。究竟哪几种原因,使一位退了休的中国知识女性,改变得那么俗恶、那么刁蛮、那么无赖?

亲家公不明内情,一个劲儿地和教授近乎,没话找话地搭讪着说东道西。教授对他内心里也充满了厌恶。因为教授知道,倘没有他在背后起作用,那女人未见得便会轻而易举地赢了那场官司。

主婚人问:"××小姐,你愿意嫁给这位先生,并终生爱他吗?"

女儿回答:"愿意。"

"××先生,你愿意娶这位小姐为妻,并终生不背叛她的爱情吗?"

"愿意!"

于是一对新人亲吻。

于是宾客们中的年轻人们齐唱《你是我永远的爱》:

> 你是我永远的爱,
> 因为除了爱你,
> 我没有选择!
> 你是我永远的爱,
> 因为只有爱你,
> 我才能真正快乐!

在歌声中,女儿走向了她的婆婆;女婿走向了教授。

现在,那年轻人的身份,是合法化了。因而"女婿"二字,也不必带引号了。

教授望着女儿那张秀丽的脸贴向了她婆婆那张漫画式的脸……

他突然大叫一声:"不!"——将走到跟前的女婿

推开，奔过去，拽住女儿的手转身便走……

人们一时都蒙了。

女儿一边挣手一边说："爸你这是干什么呀？爸你这是干什么呀……"

"亲家，亲家……"

女儿的公公上前阻挡。

"不……"

教授又喊了一声。

他拖着女儿走了十几步，倒下了……

"爸爸！爸爸！爸爸你究竟是怎么了……"

女儿吓哭了。

教授说："我……我……我……为什么要开车门呢……"

其实他想对女儿说的并不是这句话。而是另一句话——他们丑陋。

对女儿、对女婿、对那做了公公的男人和那做了婆婆的女人，对一个被歪曲了的事实，对他已开始反感的社会本身，教授倒下时决定，该谅解还是要谅解。

说完那句话，他的心脏爆裂，就死了……

老茶农和他的女儿

当女儿的手轻轻推开了窗扇,啊——一阵馥郁的气息随之而至。顿时的,她几乎醉了。

那是茶乡的早晨的气息。

城市之和乡村的最根本的区别乃在于——乡村是有气息的,正如婴儿是浑身散发奶味的。而城市没有。

窗外,山丘波状的曲线近在眼前。一行行修剪过的茶树,从山脚至山头,层层叠叠,宛如梯田,使整座山丘成为茶山。

在对面的山腰,有这一户人家的几亩茶树。而房屋的左右两边,也是茶山。后边,是一条河。晚上,汩汩之声,彻夜入耳。那是河的永无休止的絮语,也是这茶乡的人们听惯了的。孩子们在家乡河的絮语声中长大成人,于是到城市里去试探人生的前途和世界的深浅。或者,像父母辈一样,成为新一代的茶农。近年,这茶乡的年轻人中,前一种越来越多了,后一种越来越少了。因为种茶也像种庄稼一样,一年到头,辛辛苦苦,也挣不到多少钱了。外出的年轻人们，即使在城市里始终没有获得过什么有保障的人生，那也还是不情愿回到这一个茶乡的。偶尔回来，往往是由于自己们在城市里闯荡得实在是太累了，或者父母病了……

然而芸这一次回到家乡来，却是为了能在一个绝对不受任何干扰的地方潜心完成她的"出站"论文的。芸是这个茶乡的骄傲。因为她不但至今仍是这个茶乡唯一考上大学的姑娘，而且现在已经读到博士后了。所以她要完成的论文，也就不是什么一般的毕业论文，而叫"出站"论文。一般听了，是不太明白的。

芸在清明前十几天就回到茶乡了，那时的南方，天气还没怎么转暖。父亲每天起得很早，悄无声息地做好饭，热在锅里，然后自己便背着茶篓上山采茶去了。有时，自己也吃几口饭；有时，则连口饭也不吃。芸习惯了熬夜。为将论文写到优等的水平，每天睡得很晚，自然起来得也就很晚。一般总是在八点钟以后才醒。散步，洗漱；吃罢早饭，也就快九点了。一回到房间，便又埋头于写作了。等到父亲叫她的时候，肯定便是中午了。那时父亲已采回过一篓茶叶了。无论第二篓茶叶采满还是没采满，父亲都会在中午之前及时赶回家里，为的是能让女儿及时吃到午饭。开饭的时间，和大学食堂一样正点。午饭后，父亲刷锅洗碗,闲不住地收拾收拾这儿,打扫打扫那儿。而芸,照例再出去散步一小会儿。等芸散步回来,父亲或者盖件衣服在竹躺椅上睡着了,或者又背着茶篓采茶去了。那么,芸也开始午休了。她往往一觉睡到三点钟。那时,父亲已背回了下午采的第一篓茶。父亲总是悄无声息地回来,又悄无声息地离去。那些日子,父亲经常说:"茶叶又涨价了。新茶生出得那么快,可是生出的一笔笔钱啊,不采回家里多可惜。"——有时是对芸说;有时是自言自语。对芸说的时候,是在饭桌上的时候;自言自语的时候,是在芸放下碗筷要去散步的时候。那时候,芸并不接话的。怕一接话,父亲就跟她说起来没完。对于父亲的自言自语,芸只当是人老了,很普遍的现象。

在家乡的日子里,确切地说是在回家的日子里,芸的感觉好极了。芸至今还是一个独身女子。她不是一个漂亮女子,当然也不是一个多么丑的学习机器式的女子。她只不过不漂亮而已。那么对于她,在这个世界上目前只有一个家,便是有父母的地方,便是这个茶乡的这一幢两层的老木屋。它留给她的回忆都是那么的温暖。正如她所料想的那样,她写论文的过程没受到过任何干扰。除了在她回到家里的当天,有些乡亲们闻讯来看她,家里再就没人来过。因为父亲和乡亲们打过招呼了。那天父亲往家院外送乡亲们时,芸听到父亲这么说:"我女儿这次回来和往年回来不一样。她这次是为了能安心地写好论文才回来的。那对她将来的前途要紧得很哩!大伙互相转告转告,还没来看过她的,先就不要来了吧。等我女儿写好了论文再来看她也不迟。"第二天吃早饭时,芸关心地问父亲为什么夜里咳嗽不止?并表示愿意陪着父亲到镇里的医院去检查检查。父亲笑了笑,说没什么大不了的,老毛病了,春秋两季常犯的,过了季节就好了。她本想到镇里去替父亲买药的,但一离开饭桌,伏到写字桌上去,不一会儿就忘了。晚上,父亲夹着被褥睡到楼下去了。芸也就没听到过父亲的咳嗽声⋯⋯

芸有一个哥哥。哥哥嫂子有一个女儿,已经7岁了。哥哥嫂子带着女儿到广州打工去了。若从广州回来就和父亲住在一起。他们还没有自己的家。他们带着孩子到广州去打工,为的就是挣够一笔钱,也好早日盖起一处他们自己的家。而芸的母亲五年前去世了,芸竟没能及时赶回家乡和母亲见上最后一面。芸在大学里读的是新闻专业,毕业了通常是要当记者的。省城的一家报社在学校里进行招聘活动时,面试后对芸相当满意,基本上是将她预先聘定了。是她自己后来变卦了。大学快毕业的芸,对自己的人生有了更高的追求，觉得当记者太没意思了。人生的更高的追求，在芸的思想里，肯定是要凭借更高的学历去实现的。于是考研。芸有很好的记忆力，不久便成了本校经济学系的研究生。然而经济学非是她所喜欢的，也不相信学了经济学自己的人生将来便注定获得优越的经济基础，于是又向比更高还高的人生目标发起冲刺；三年后她成了北京某所大学中文系的博士生，专业方向是中国古典诗词研究。母亲正是在她成为博士生那一年去世的。母亲去世前，哥哥曾给她写过一封信，告诉她母亲是多么地想她，而且病了。那时芸正以"头悬梁，锥刺股"般的刻苦精神备考，哪里会接到哥哥的一封信就十万火急地赶回家呢？等她顺利考完，隔了几天回到家乡时，母亲已成土中之人。芸自然是很悲痛的。她埋怨哥哥不该在信中将母亲的病那么轻描淡写。而哥哥，一句话都没说，狠狠瞪她一眼，起身走到外边去了。倒是父亲向她承认，是他不许哥哥在信中写得太明白，怕她着急上火，影响了考博的状态。事实上，芸是幸运的，在获得研究生文凭以后，也曾有多种在省城就业的机会。但已经获得了研究生文凭的芸，觉得自己的就业人生不该是在省城里开始，而应该是在北京实现。既然自己具有那么强的记忆能力；既然自己那么善于考试；既然考博能使自己特别令人羡慕地成为北京人,干吗不呢? 而读博的几年里,芸的日子基本上过得挺快活。人生初级阶段的最后竞争业已获胜,满心怀饱涨着不可名状的优越感,芸也有好情绪进行恋爱了。两次恋爱却都未成功。一次因男方多次地也是公然地蔑视她的博士学位而夭折;一次因她自己的虚荣而告终——那个男人对她倒是无限的崇拜,但是个子比她矮了三厘米。如果她不是博士,仅仅是一名普通的大本毕业生,那么那三厘米的身高差距她也许还是可以包涵的。但是自己已经是一位女博士生了啊,于是那三厘米的差距她就无论怎么也跨不过去了。然而她倒也没觉得心灵上留下了多么大的创面。疼还是疼过几天的,仅仅几天之后就结痂了,日子便又渐渐恢复了快活的状态。干吗不快活呢? 校园的环境那么美好;两人一间宿舍;博士同学是已婚女子,更多的时候那间宿舍完全属于她自己;如果自己并不向导师请教什么问题,导师是不怎么过问她究竟在干什么的;至于专业呢,古典诗词的背后,有着许许多多或流芳千古或鲜为人知的才子佳人们的爱情故事,对于芸而言,研究那些故事是趣味无穷的;而最主要的心情快活的保障是——她再也不像是大本生和硕士研究生时那么手头拮据了。博士生的生活补助够每月吃饭的了,协助导师编书的报酬也不菲。自己还为某杂志开辟了一个专门介绍古典诗词背后的爱情故事的专栏,颇受好评,杂志社竟给她开出了最高稿酬,每月又是相当稳定的一千来元的入项……

昨天晚上,吃罢饭,芸没有像往日一样立刻起身回到自己的房间去。

她说:"爸,我的论文写完了!"——说完,伸了个懒腰,一副大功告成的喜悦模样。她对自己的论文质量很满意,也很自信。

父亲望着她,欣慰地说:"好啊。写完了好。"

芸又说:"我怎么觉得我没瘦,反而胖了呢!"

父亲就笑了,再没说话。

怎么会瘦了呢?

饭桌上几乎顿顿也没断过鱼汤或鸡汤。老茶农对自己是博士的女儿的爱心,全都煨在汤里了。

"爸,我已经决定了明天下午就回北京去。"

"明天就回去?"

"我想学校的环境了。爸,我们的校园可大了,可美了!有湖,还有假山。湖里有野鸭,我想那些野鸭了……"

"女儿,你是不是还要再往下读好几年的书呢?"

"爸,我再也不必考什么学位了!我想,我已经该算是我这个专业的精英了。"

"什么鹰?"

"爸,你别想错了!好比一座宝塔,我已经是塔尖上的人了。"

"好。好啊。女儿,你终于出息了……"

不知为什么,父亲嘴上这么说着,表情却变得忧郁了。

女儿困惑地问:"爸,你有什么愁事儿吗?"

老茶农微微摇头道:"没有。女儿,你这么出息,爸爸还会有什么愁事呢?就真有,也不愁了。只是,茶叶又涨价了……"

"茶叶涨价了不是好事吗?"

"是啊,是好事。可我一个人,采不过来啊!"

"爸,那就雇人嘛!"

"雇人倒是省事。但四六分钱,一小半被别人得了,不划算啊!"

"爸,采一斤茶叶能卖多少钱?"

"十二三元呢。"

"那您一天采十斤,不才能卖一百二三十元吗?爸,您就别计较划算不划算的了,干脆雇人吧!"

"干脆雇人?"

"干脆雇人!"

临睡前,当女儿的塞给父亲一千元钱,说是早就想寄回家来孝敬父亲的。

父亲却无论如何不肯收下。

父亲说:"女儿,我不缺钱。真的不缺。你在北京花销大,还是你留着吧。"

现在,女儿的皮箱已经放在门口了,单等着听到摩托车的喇叭声,拎起来就走了。

她已归心似箭。

可父亲为什么还不回来呢?

女儿望着山上那些采茶的身影,看不出哪一个是自己的父亲。

可自己一会儿就要走了,父亲为什么一早还要上山去采茶呢?不就多采回一斤茶才能卖十二三元钱吗?

女儿心里正这么责备着父亲,却听到了父亲上楼的脚步声;一转身,父亲已在跟前,手拿一只塑料袋,里边装的是刚煮熟的茶叶蛋。就在此时,一个本村的小伙子,在老屋前按响了他的摩托车喇叭。父亲头天晚上求他用摩托车将芸送到镇上去;镇上有去省城的长途公共汽车……

当芸已经坐在直达北京的特快列车上时,认出坐在自己对面的,竟是邻村的一位远房叔叔。

于是二人亲热地聊了起来。

"叔,到北京干什么去?"

"还能干什么去?打工呗!"

"如今一斤茶就能卖十二三元了,还非得背井离乡地去打工?"

"谁说一斤茶叶能卖十二三元了?"

"我父亲啊。"

"他骗你哩!现而今茶叶不稀罕了,种茶的收入也薄多了。清明前的头遍茶,最高价也就以每斤四五元来收!清明一过,一斤才能卖两元钱!"

"可,可……可我爸他骗我干什么呢?"

"我怎么知道!哎,芸啊,你父亲的病轻了重了?"

"我父亲……我父亲得什么病了?"

"你不知道?你不知道.我倒不好说了……"

"叔,快告诉我!……"

"唉,芸啊,你父亲他得的是肺癌啊!他已经是个活一天赚一天的人了啊!……"

车轮隆隆……

列车向北,向北……

直达北京,而且特快,自然向北……

那茶乡,那老屋,那住守着老屋的老父亲,离是博士后的女儿分分秒秒地远着……

车轮隆隆,仿佛在说:"回来!回来!"

当女儿的心里霎时明白了——茶叶的价格已经降到两元钱一斤了,而父亲却骗她说涨到十二三元一斤了;分明的,老父亲多希望她这一个是博士后的女儿能留下帮他采几天茶呀!茶叶究竟多少钱一斤哪里还重要呢?……

车轮隆隆,仿佛在说:"分明,分明……"

是博士后的女儿,顿时省悟了——苦读十四年,年年月月收到过钱,原来是父亲、母亲、哥哥和嫂子,以每采一斤茶叶才挣几元钱的辛勤劳作成全着她的人生追求啊!

如今母亲已是泉下之人,而父亲说不定哪一天也是了……自己心里边所装的却是校园湖里的野鸭们!……

"唉,芸啊,我觉得你是读书读傻了哩!你父亲身体那么单薄了,脸色那么不好了,你怎么就会一点儿都没看出来呢?……"

女博士早已泪流满面!

她在心里对自己说:"我不是读书读傻了呀,我是……我是……"

车轮隆隆……

列车向北,向北……

车厢里忽然响起了哭声……

/看自行车的女人/

想为那个看自行车的女人写篇文字的念头,已萌生在我心里很久了。事实上我也一直觉得还会见到她,如果那样,我就不写她了。却再也没见到。北京太大,存自行车的地方太多,她也许又到别处看自行车去了。或者,又受到什么欺辱,憋屈无人可诉,便回家乡去了?总之我再没见过她……

而我第一次见到她,是在北京一家牙科医院前边的人行道上:一个胖女人企图夺她装钱的书包,书包的带子已从她肩头滑落,搭垂在她手臂上。她双手将书包紧紧搂于胸前,以带着哭腔的声音叫嚷着:"你不能这样啊,你不能这样啊,我每天挣点儿钱多不容易啊……"

那绿色的帆布书包,看上去是新的。我想,她大约是为了她在北京找到的这一份看自行车的工作才买的。从前的年代,小学生们都背着那样的书包上学。现在,城市里的小学生早已不背那样的书包了,偶尔可见摆地摊的街头小贩还卖那样的书包，一种赖在大城市消费链上的便宜货。看自行车的女人40余岁，身材瘦小，脸色灰黄。她穿着一套旧迷彩服，居然还戴着一顶也是迷彩的单帽，而足下是一双带扣襻儿的旧布鞋，没穿袜子，脚面晒得很黑。那一套迷彩服，连那一顶帽子，当然都非正规军装。地摊上也有卖的，十元钱可以都买下来。总之，她那么一种穿戴，使她的模样看上去不伦不类，怪怪的。单帽的帽舌卡得太低，压住了她的双眉。帽舌下，那两只眼睛，呈现着莫大而又无助的惊恐。

我从围观者的议论中听明白了两个女人纠缠不休的原因：那人高马大的胖女人存上自行车离开时，忘了拿放在自行车筐里的手拎袋，匆匆地从医院里跑回来找，却不见了，丢了。她认为看自行车的外地女人应该负责任，甚至，怀疑是被看自行车的外地女人藏匿了起来。

"我包里有三百元钱，还有手机，你丫挺的敢说你没看见！难道我讹你不成？！……"

胖女人理直气壮。

看自行车的女人可怜巴巴地说："我确实就没看见嘛！我看的是自行车，你丢了包儿也不能全怪我……你还兴许丢别处了呢……"

"你再这样说我抽你！"——胖女人一用力，终于将看自行车的女人那书包夺了去，紧接着将一只手伸入包里去掏，却只不过掏出了一把零钱。一排自行车五六十辆而已，一辆收费两毛钱，那书包里钱再怎么多，也多不过十几元啊。

"当"的一声，一只小铁瓷碗抛在看自行车的女人脚旁，抢夺者骑上自己的自行车，带着装有十几元零钱的别人的书包，扬长而去。我想，那与其说是经济的补偿，毋宁说更是一种平衡心理的行为。我居京二十余年，第一次听一个北京的中年妇女口中说出"丫挺"二字。我至今对那二字的意思也不甚了了，但一直觉得，无论男女，无论年龄，口中一出此二字，其形其状，顿近痞邪。

看自行车的女人追了几步，回头看着一排自行车，情知不能去追，也情知是追不上的，她慢慢走回原地，捡起自己的小铁瓷碗，瞧着发愣。忽然，头往身旁的大树上一抵，呜呜哭了。那单帽的帽舌，压折在她的额和树干之间……

我第二次见到她，是在北京的一家书店门外。那家书店前一天在晚报上登了消息，说第二天有一批处理价的书卖。我的手，和一只女人的黑黑瘦瘦的手，不期然地伸向了同一本书——《英汉对照词典》。我一抬头,认出了对方正是那个看自行车的女人,不由得将伸出的手缩了回来。我家小阿姨莲花嘱我替她捎买一本那样的书,不知那看自行车的女人替什么人买?看自行车的女人那天没再穿那套使她的样子不伦不类的迷彩服,也没戴迷彩单帽,而穿了一身洗得干干净净的蓝布衫裤。我的手刚一缩回,她赶紧将那一本书拿在手中,急问卖书人多少钱。人家说二十元,她又问十五元行不行。人家说一本新的要卖四十元呢!你买不买?不买干脆放下,别人还买呢!看自行车的女人就用一种特别无奈的目光望向了我,她的手却仍不放那词典。我默默地转身走了。

我听到她在背后央求地说:"卖给我吧,卖给我吧,我真的就剩十五元钱了!你看,十五元六角,兜里一分钱也没有了!我不骗你,你看,我还从你们这儿买了另外几本书哪……"

又听卖书的人好像不情愿似的:"行行行,别啰唆了,十五元六角拿去吧!"

后来,那女人又在一家商场门前看自行车了。一次,我去那家商场买蒸锅,大小没有合适的,带着的一百元钱也就没破开。取自行车时,我没想到看自行车的人会是她,歉意地说:"忘带存车的零钱了,一百元你能找得开吗?"我那么说时表情挺不自然,以为她会朝不好的方面猜度我。因为一个人从商场出来，居然说自己兜里连几角零钱都没有，不大可信的。她望着我愣了愣，似乎要回忆起在哪儿见过我，又似乎仅仅是由于我的话而发愣。也不知她是否回忆起了什么，总之她一笑，很不好意思地说："那就不用给钱了，走吧走吧！"——她当时那笑，给我留下很深的印象。我们许多人，不是已被猜度惯了吗？偶尔有一次竟不被明明有理由猜度我们的人猜度，于我们自己反倒是很稀奇之事了。每每地，竟至于感激起来。我当时的心情就是那样。应该不好意思的是我，她倒那么的不好意思。仅凭此点，以我的经验判断，在牙科医院前的人行道上发生的那件事中，这外地的看自行车的女人，她毫无疑问是被欺负了……这世界上有多少事的真相，在众目睽睽的情况之下被掩盖甚至被颠倒了啊！这么一想，我不禁替她不平……

我第二次去那家商场买到了我要买的那种大小的蒸锅，付存车费时我说："上次欠你两毛钱，这次付给你。"我之所以如此主动，并非想要证明自己是一个多么诚信的人。我当时丝毫也没有这样的意识。倒是相反，认为她肯定记着我欠她两毛钱存车费的事，若由她提醒我，我会尴尬的。不料她又像上次那样愣了一愣。分明地，她既不记得我曾欠她两毛钱存车费的事了,也不记得我和她曾想买下同一本词典的事了。可也是,这地方每天有一二百人存取自行车,她怎么会偏偏记得我呢?对于那个外地的看自行车的女人,这显然是一份比牙科医院门前收入多的工作。我看出她脸上有种心满意足的表情。那套迷彩服和那顶迷彩单帽,仿佛是她看自行车时的工作装,照例穿戴着。依然赤脚穿着那双旧布鞋,依然用一只绿色的帆布小书包装存车费。

"不用啊,不用啊。"她又不好意思起来,硬塞还给了我两毛钱。我觉得,她特别希望给在这里存自行车的人一种良好的印象。我将装蒸锅的纸箱夹在车后座上,忍不住问了她一句:"你哪儿人?"

"河南。"她的脸,竟微微红了一下;我于是想到了那是为什么,便说:"我家小阿姨也是河南人。"

她默默地,有些不知说什么好地笑着。

"来北京多久了?"

"还不到半年。"

"家乡的日子怎么样呢?"

"不容易过啊……再加上我儿子又上了大学……"

她将大学两个字说出特别强调的意味,顿时一脸自豪。

"唔?在一所什么大学?"

她说出了一座我陌生的河南城市的名字。我知道近年某些省份的地区级城市的师范类专科学院,也有改挂大学校牌的,就没再问什么。

我推自行车下人行道时,感觉后轮很轻。回头一看,见她的一只手替我提着后轮呢。骑上自行车刚蹬了几下,纸箱掉了。那看自行车的女人跑了过来,从书包里掏出一截塑料绳……

北京下第一场雪后的一天晚上,北影一位退了休的老同志给我打电话,让我替他写一封表扬信寄给报社。他要表扬的,就是那个看自行车的河南女人。他说他到那家商场去取照片,遇到熟人聊了一会儿,竟没骑自行车走回了家,拎兜也忘在自行车筐里了……

'拎兜里有几百元钱,钱倒不是我太在乎的,我一共洗了三百多张老照片啊!干了一辈子摄影,那些老照片可都是我的宝呀!吃完晚饭天黑了我才想起来,急急忙忙打的去存车那地方,你猜怎么着?就剩我那一辆自行车了!人家看自行车那女人,冷得受不了,站在商店门里,隔着门玻璃,还在看着我那辆旧自行车哪!而且,替我将我的拎兜保管在她的书包里。人心不可以没有了感动呀,是不是?人对人也不可以不知感激,是不是……"

北影退了休的摄影师在电话中恳言切切。

我满口应承照办,然而过后事一多,所诺之事竟彻底忘了。

不久前我又去那家商场买东西,见看自行车的人已经换了,是一个外地的男人了。

我问原先那个看自行车的女人呢?

他说走了。

我问她为什么走了呢?

他说,还能为什么呢?那就是她不称职呗!我们外地人在北京挣这一份工作,那也是要凭竞争能力的!

我心黯然,替那看自行车的女人。并且,也有几分替她那在一所默默无闻的大学里读书的儿子……

我想问她到哪里去了?张张嘴,却什么也没有再问。

我不知她从农村来到城市,除了看自行车,还能干什么?如果她仍在北京的别处,或别的城市里做一个看自行车的人,我祈祝她永远也不会再碰到什么欺负她的人,比如那个抢夺了她书包的胖女人。

阳光底下,农村人,城市人,应该是平等的。弱者有时对这平等反倒显得诚惶诚恐似的,不是他们不配,而是因为这起码的平等往往太少,太少……

王妈妈印象

写罢《茶村印象》，意犹未尽，更想写友人的母亲王妈妈。

王妈妈今年77岁了。

我第一次见到她，是在她家门口。当时是傍晚，她蹲着，正欲背起一只大背篓到茶集去卖茶。

茶集不过是一处离那个茶村二里多远的坪场，三面用砖墙围了。朝马路的一面却完全开放，使集上的情形一目了然。茶集白天冷冷清清，难见人影。傍晚才开始，附近几个茶村的茶农都赶去卖茶，于是熙熙攘攘，热闹得很。通常一直热闹到八点钟以后，天光黑了，会有许多灯点起来，以便交易双方看清秤星和钱钞。那一条路说是马路，其实很窄，一辆大卡车就几乎会占据了路面的宽度；但那路面，却是水泥的，较为平坦。它是茶农们和茶商共同出资铺成的，为的是茶农们能来往于一条心情舒畅的路上。所幸很少有大卡车驶过那一条路。但在茶农们卖茶的那一段时间里,来往于路上的摩托、自行车或三轮车却不少。当然更多的是背着满满一大背篓茶叶的茶农们。他们都是些老人,不会或不敢骑车托物了,只有步行。一大背篓茶对于年轻人来说并不太重,二三十斤而已。但是对于老人和妇女,背着那样一只大背篓走上二三里地,怎么也算是一件挺辛苦的事了。他们弯着腰、低着头,一步步机械地往前走。遇到打招呼的人偶尔抬起头,脸上的表情竟是欣慰的。茶村毕竟也是村,年轻人们一年到头去往城市里打工,茶村也都成了老人们、孩子们和少数留守家园的中年妇女们的村了。这一点和中国其他地方的农村没什么两样。见到一个二三十岁的男人或女人,会使人反觉稀奇的……

事实上,当时王妈妈已将背篓的两副背绳套在肩上了,她正要往起站,友人叫了她一声"妈"。

她一抬头,身子没稳住,坐在地上了。

我和友人赶紧上前扶她。自然,作为儿子的我的友人,随之从她背上取下了背篓。她看着眼前的儿子,笑了。微微眯起双眼,笑得特慈祥。

她说:"我儿回来啦!"——将脸转向我,问:"是同事?"

友人说:"是朋友。"

她穿一件男式圆领背心,已被洗得过性了,还破了几处洞;一条草绿色的裤子,裤腿长不少,挽了几折,露出半截小腿;而脚上,是一双扣襻布鞋,一只鞋的襻带就要断了,显然没法相扣了,掖在鞋帮里。那双鞋,是旧得不能再旧了,也挺脏,粘满泥巴(白天这地方下了一场雨)。并且呢,两双鞋都露脚趾了……

我说:"王妈妈好。"——打量着这一位老母亲,倏忽间思想起我自己的母亲来。我的老母亲已过世十载了,在家中生活最困难的时期,那也还是会比友人的这一位老母亲穿得好一些。何况采茶又不是什么脏活,我有点儿不解这一位老母亲何以穿得如此不伦不类又破旧……

然而友人已经叫起来了:"妈,你这是胡乱穿的一身什么呀?我给你寄回来的那几套好衣服为什么不穿?我上次回来不是给你买了两双鞋吗?都哪儿去了?……

友人的话语中,包含着巨大的委屈,还有难言的埋怨。显然,他怎么也没想到他的母亲会以那么一种样子让我看到,他窘得脸红极了。须知我这一位友人也是大学里的一位教授,而且是经常开着"宝马"出入大学的人。

他的母亲又笑了,仍笑得那么慈祥。

她说:"都在我箱子里放着呢。"

"那你怎么不穿啊?"

当儿子的都快急起来了,跺了下脚。

"好好好,妈明儿就穿,还不快请你的朋友家里坐啊!……我先去卖茶,啊!……"

我对友人说:"咱俩替老人家去卖吧!"

但是王妈妈这一位老母亲却怎么也不依。既不让我和她的儿子一块儿去替她卖那一大背篓茶叶,也不许她的儿子单独去替她卖。我和我的友人,只得帮老人家将背篓背上,眼睁睁地看着身材瘦小的老人家像一只负重的虾米一样,一步步缓慢地离开了家门前……

友人问我:"你觉得有多少斤?"

我说:"二十几斤吧。"

友人追问:"二十几斤?"

我说:"大约二十五六斤吧。"

他家门前,有一块半朽未朽的长木板,一端垫了一摞砖,一端垫了一块大石头,算是可供人在家门前歇息的长凳。

友人就在那木板上坐下去了,默默吸烟。我知他心里难受,大约也是有几分觉得难堪的,就陪他坐下,陪他吸烟。

这时,友人的脸上淌下泪来了。

他说:"上个月我刚把她接到我那儿去,可住了不到十天。她就闹着回来,惦记着那不到一亩的茶秧。她那么急着回来采茶,我不得不给她买机票,坐飞机能当天就回来啊!可从广州到成都,打折的飞机票也九百多元啊!还得我哥到成都机场去接她,再乘长途汽车到雅安,再从雅安坐出租车到村里,一往一返,光路费三千元打不住。她那几分地的茶秧,一年采下的茶才卖两千多元。她就不算算账!这不,回来了,又采上茶了,才活得有心劲儿了似的……"

我说:"那你就给老人算一算这笔账嘛。"

他回答:"当然算过,白算。我们算这一种账,在我母亲那儿根本就不走脑子。关于钱,一过千这么大的数,她就没意识了。她只对小数目的钱敏感,而且一笔笔算起来清清楚楚,从没糊涂过,谁想蒙她不容易。还对小数目的钱特亲。比如这个月茶价多少钱一斤,下个月多少钱一斤,那么这个月几天没采茶,等于少挣了多少钱……"说到此处 苦笑。

我说:"那你以后就把花在路费方面的钱寄回呗。"

友人说,那寄回来的钱对于他的老母亲就只等于是一个数字,她会直接把钱存在银行里,连过手都不过手。说自己当教授了,住上宽敞的房子了,有了私家车了,不将老母亲接到城市里享享福,内心不安。

说他老母亲第一次到深圳的日子里,他曾驾车带着他老母亲到海滨路上去度周末,也像别人一样将塑料布铺于绿地,摆开吃的喝的,和老母亲共同观海景,聊天。可老母亲却奇怪于城里人为什么偏偏将那么一大片地植树了,种草了,而不栽上茶秧?栽茶秧那能解决多少人的挣钱问题啊!进而大为不满地批评城里人罪过,不知土地宝贵,浪费大片大片的土地简直像不在乎一张纸一样。又觉得城里人太古怪,难以理解,待在家里多舒服,干吗都一家家一对对跑到海边傻坐着?海边再凉快,还能比有空调的家里凉快吗?说那一次老母亲在他那儿住的日子还长久些,因为在大都市里发现了生财之道——一个空塑料瓶两分钱,易拉罐三分钱,纸板三角钱一斤,她觉得比采茶来钱容易多了。说那是老母亲唯一愿意向城市人学习的地方,也是对大都市的唯一好感。还因为捡那些东西,和"同行"发生了口角。而他,只得向老母亲耐心解释,捡那些东西的人,是划分了街区领地的。在别人的街区领地捡那些东西,就是侵犯了别人的利益。别人对你提出抗议,抗议得有理。你跟别人吵,吵得没理。老母亲却振振有词地反问,他有政府发的证书吗?如果没有,凭什么说那些街区是他的"领地"呢?依她想来,既然拿不出类似政府发给农民的土地证一样的证书,凭什么只许自己捡,不许别人捡呢?而他就只得更加耐心地向老母亲解释,尽管对方并无证书,但那是"潜规则"。"潜规则"相互也是要遵守的。解释来解释去,最后也没能使老母亲明白究竟什么是"潜规则"、为什么"潜规则"对人也具有约束性……老母亲离开的前一天,他家阳台上已堆满了空塑料瓶等废弃物。他想通知收废品的人上门来收走,可老母亲不许,因为人家上门来收,一个塑料瓶子就变成一分钱了,废纸也变成两角一斤了。在老母亲那儿,账算得"倍儿"清——一个塑料瓶等于卖亏了百分之五十;一斤废纸灰等于卖亏了百分之三十;合计卖亏了百分之八十!他说,妈账你也不能这么算,并不是你原本该卖得十元,结果亏掉了八元,就剩两元了。老母亲说,你别跟我拌嘴!百分之五十加百分之三十,怎么就不是亏了百分之八十呢?你当儿子的,不能拿我的辛苦不当辛苦,我捡了那么一阳台我容易吗我?于是伤心起来。我的朋友这个当儿子的,只得赶紧认错。接下来乖乖地将阳台上的废品弄出家门,塞入他那辆刚买的"广本",再带上老母亲,分两次卖到废品收购站去。老母亲点数总计二十来元钱,顿觉是一笔大收入,这才眉开眼笑……

友人问我:"如果请收废品的上门来收走,是等于卖亏了百分之八十吗？"

我说："当然不是。百分之百减去百分之三十剩百分之七十，加上塑料瓶的百分之五十，是百分之一百二十……"

友人奇怪了："少卖钱是肯定的，怎么也不会成了百分之一百二十吧？"

我愣了，自知我的算法也成问题，陪着苦笑起来……

友人的老母亲卖茶叶回来了，一脸不快。

当儿子的问她卖了多少钱？

她说："儿子，你还不知道吗？这个季节大叶子茶更不值钱了，才卖了九元三角钱；辛苦了一白天，到手的钱居然还不够一个整数。"她是得快快不乐。

吃晚饭时，老人家在自家的太阳能洗浴房里冲过了澡，翻箱倒柜，换上了一身体面的衣服。我的友人，他的哥哥嫂嫂子都说，老人家纯粹是为我这一位远道而来的客人才那样的。

老人家说是啊是啊，多次听晓鸣跟她谈到过我，早知我们情同手足。说好朋友要长久。她相信我和她儿子会是天长地久的朋友，替我们高兴。老人家不断为我夹菜，口口声声叫我"声仔"。

友人对我耳语："我母亲叫你'声仔'，那就等于是拿你当儿子一样看待了。"

我也耳语,问:"要不要将我装在红信封里的五百元钱立刻就从兜里掏出来,作为见面礼奉上?"

友人却摇头。

第二天,友人陪我到镇上去,将五张百元钞换成了一百余张小面额的钱,扎成厚厚两捆,在他老母亲高兴之时,暗示我抓住机遇。

我就双手相递,并说:"王妈妈,我希望您能认下我这个干儿子。这些钱呢,我也不知是多少,算是我这个干儿子的一份心意,您一定要收下。"

老人家顿时笑得合不拢嘴,连说:"好啊好啊,我认我认,我收我收!……"

她接过钱去,又说:"看我声儿,孝敬了我这么多钱!真多真多……"

友人心理不平衡地嘟哝:"那就多了?才……有好几次我一千两千地给你寄,你也没夸过我一句!"

老人家批评道:"你动不动就挑我的理,看我这么也不对那么也不顺眼,他怎么就不说?"

我趁机讨好:"干妈,以后他再对您那样,我这儿先就不依!"

晚上,我和友人照例同床。那是他父亲生前睡的床,如今是他母亲的床,也是家中最宽大的床,却哪哪儿都松动了,我俩不管谁一翻身,那床都发出嘎吱嘎吱的响声。老人家为了我们两个小辈儿睡得好,把那床让给了我俩,她自己睡在客厅里的旧沙发上。

友人向我讲起了他的父亲,以及他的父亲和他母亲的关系。他的父亲曾是乡长,极体恤农民的一位乡长,故也备受农民的敬重;不幸罹患癌症,四十几岁就去世了。他父亲生前,和他母亲的关系一向不好,几乎谈不上有什么夫妻感情可言。自然,也就有过几次和别的女人的暧昧关系,母亲甚至因此寻过短见。父亲去世以后,母亲一个人拉扯着四个儿女,日子变得朝不保夕。他的妹妹,由于小病没钱治,拖成了大病。水灵灵的一个少女,临死想换一身新衣服美一下,都没美成……

友人嘱咐我,千万不要提他的妹妹,那是他母亲心口永远的痛;也千万不要提他的父亲,那似乎是他母亲永远的怨……

他说:"我听过不少父亲们为儿女卖血的事,在我们家里,为供我们几个儿女读书,卖血的却是我母亲。而且像许三官一样,在一个月里卖过两次血。上苍让我母亲活到今天,实在是对她本人和对我们儿女的眷顾……"

茶村的夜晚,万籁俱寂。友人的话语,流露着淡淡的忧悒、绵长的思念。令我的心情也忧悒起来了;并且,令我也思念起了我那没过上几天好日子的老父亲和老母亲……

第二天,王妈妈打发晓鸣(我的友人的名字)到另一个茶村去看望他二姐,却要我留了下来。她不采茶了,让我陪她在村里办点事。

我陪她去了几户茶农的家里,显然是茶村生活仍很贫穷的人家。她竟是一家一户去送钱,有的送一百,有的送五十。

"看尓,又送钱来,别总操心我们的日子了,我们还过得下去……"

每户人家的人都说类似的话;家家户户的人的话中,却都有"又送钱来"四个字。

那"又送钱来"四个字,令我沉思不已。

她老人家却说:"晓鸣的爸又给我托梦了,是他牵挂着你们,嘱咐我一定来看看。"

或者指着我说:"看,我认了个干儿子,和我晓鸣一样,也是教授。都是正的。他们都是每个月开五六千的人,以后我是不缺钱花的一个妈了。周济周济你们,还不应该的?……"

我驾着在茶村认的这一位干妈,去给她的女儿、她的丈夫扫了坟。两坟相近,扫罢以后,她跪了很久。

她面对这座坟说:"他爸,儿女们以为我还怨你,其实我早就不怨你了。我还替你做了些事情,那是你生前常做的事情。其实我一直记着你说过的一句话——为人处世,心里边还是多一点儿善良好。你要是也不嫌弃我了,那就给我托梦,在梦里明说。要是不好意思跟我明说,给儿女们托梦说说也行。那么,我死后,就情愿埋在你旁边……"

又对那一座坟说:"幺女啊,妈又来看你了。妈这个月采了二百多元的茶。现在女孩儿家也该穿裙子了,过几天,妈亲自到乐山去给你买一件漂亮的裙子。听你二姐的女儿说,乐山有一家服装店专卖女孩子穿的衣服,样式全都是时兴的……"

对第一座坟说话时,她的语调很平静;对第二座坟说话时,她忽然泣不成声……

在回家的路上,干妈对我说:"声儿,记着,以后找机会告诉晓鸣,他说得不对。一个塑料瓶子不是两分钱,是一角二分钱。硬铁皮的才二分钱,易拉罐八分钱,顶数塑料瓶子值钱。一斤纸板也不是一角几分钱,是三角钱……"

我喏喏连声而已。不知为什么,那一天这一位友人的老母亲,竟令我心生出几许肃然来……

后来我和我的干妈又聊过几次。

她问我:"如果一个老人生了癌症,最长能活多久,最短又能活多久?"

我以我所知道的常识回答了以后,她沉默良久,又问:"活得越久,岂不是越费钱?"

我一时不知该如何回答,尤其是对这样一位77岁了还辛劳不止采茶攒钱的老母亲。

她语调平静地又说:"晓鸣他爸生了癌症,才半个多月就走了。晓鸣寄给我的钱和我自己挣的,加起来快一万元了。现在治病很费钱,不知道一万元够治什么样的病。……"

我更加不知如何回答才好,只有摇头。

于是她自问自答:"我死,也许不会因为病。就是因为病,估计也不会病得太久。我加紧再挣点儿钱,攒够一万,估计怎么也够掯病的了。我可不愿拖累儿女们,儿女们各有各的家,也都不容易……"

我装出并没注意听的样子。

不料她突然问:"你们城里的老人,如果还挺能吃,就表明还挺能活,是吧?"

我回答:"是。"

她说:"我们农村的老人,如果还挺能干,才表明挺能活。你看干妈,是不是还挺能干的?"

我又回答:"是。"

当我离开茶村时，我和我的干妈，相互都有些依依不舍了。

我又明白了我自己一些——都五十七八的人了，居然还认起干妈来；实不是习惯于虚与委蛇，而是由于在心理上，仍摆脱不了那种一心想做一个好儿子的愿望。

因为我从来就不曾好好地做过儿子。那是需要些愿望以外的前提的。对于我，前提以前没有。现在，前提倒是有了，父母却没了。

我也更明白了——为什么我的某些同代人，一提起自己过世了的父母就悲泪涟涟。

我是那么羡慕我的好友晓鸣教授。

他的老母亲认下了我这一个干儿子，我觉得格外幸运。而我尤其幸运的是，我的远在一个小小茶村里的干妈，她是一位要强又善良的老人家。

至于她爱捡废品的"缺点"，那是我能理解的；也是我觉得有趣的……

玻璃匠和他的儿子

20世纪80年代以前,城市里每能见到一类游走匠人——他们背着一个简陋的木架走街串巷;架子上分格装着些尺寸不等、厚薄不同的玻璃。他们一边走一边招徕生意:"镶——窗户!……镶——镜框!……镶——相框!……"

他们被叫作"玻璃匠"。

有时,人们甚至直接这么叫他们:"哎,镶玻璃的!"

他们一旦被叫住,他们就有点儿钱可挣了。或一角,或几角。总之,除了成本,也就是一块玻璃的原价。他们一次所挣的钱,绝不会超过几角去。一次能挣五角钱的活,那就是"大活儿"了。他们一个月遇不上几次大活儿的。一年四季,他们风里来雨里去,冒酷暑,顶严寒,为的是一家人的生活。他们大抵是些由于这样或那样的原因而被拒于"国营"体制以外的人。按今天的说法,是些当年"自谋生路"的人。有"玻璃匠"

的年代，城市百姓的日子都过得很拮据，也特别仔细。不论窗玻璃裂碎了，还是相框玻璃或镜子裂碎了；那大块儿的，是舍不得扔的，专等玻璃匠来了，给切割一番，拼对一番。要知道，那是连破了一只瓷盆都舍不得扔，专等锔匠来了给锔上的穷困年代啊！……

玻璃匠开始切割玻璃时，每每吸引不少好奇的孩子围观。孩子们的好奇心，主要是由"玻璃匠"那一把玻璃刀引起的。玻璃刀本身当然不是玻璃的。玻璃刀看上去都是样子差不了哪儿去的刃具，像临帖的毛笔。刀头一般长方而扁，其上固定着极小极小的一粒钻石。玻璃刀之所以能切割玻璃，完全靠那一粒钻石。没有了那一粒小之又小的钻石，一把玻璃刀便一钱不值了。玻璃匠也就只得改行，除非他再买一把玻璃刀。而从前一把玻璃刀一百几十元，相当于一辆新自行车的价格，对于靠镶玻璃养家糊口的人，谈何容易！并且，也极难买到。因为在从前，在中国，钻石本身太稀缺了。所以，从前中国的玻璃匠们，用的几乎全是从前的从前也即新中国成立前的玻璃刀，大抵是外国货。新中国成立前的中国还造不出玻璃刀来。将一粒小之又小的钻石固定在铜或钢的刀头上，是一种特殊的工艺。可想而知，玻璃匠们是多么爱惜他们的玻璃刀！与侠客们对自己的兵器的爱惜程度相比，也是不算夸张的。每一位玻璃匠都一定为他们的玻璃刀做了套子,像从前的中学女生每为自己心爱的钢笔织一个笔套。有的玻璃匠,甚至为他们的玻璃刀做了双层的套子。一层保护刀头,另一层连刀身都套进去,再用一条链子系在内衣兜里,像系着一块宝贵的怀表似的。当他们从套中抽出玻璃刀,好奇的孩子们就将一双双眼睛瞪大了。玻璃刀贴着尺在玻璃上轻轻一划,随之出现一道纹,再经玻璃匠的双手有把握地一掰,玻璃就沿纹齐整地分开了,在孩子们看来那是不可思议的……

我的一位中年朋友的父亲,更是从前年代的一名玻璃匠。他的父亲有一把德国造的玻璃刀。那把玻璃刀上的钻石,比许多玻璃刀上的钻石都大,约半个芝麻粒儿那么大。它对于他的父亲和他一家,意味着什么不必细说。

有一次,我这位朋友在我家里望着我父亲的遗像,聊起了自己曾是玻璃匠的父亲,聊起了他父亲那一把视如宝物的玻璃刀。我听他娓娓道来,心中感慨万千。

他说他父亲一向身体不好,脾气也不好。他10岁那一年,他母亲去世了,从此他父亲的脾气就更不好了。而他是长子,下边有一个弟弟一个妹妹。父亲一发脾气,他就首先成了出气筒。年纪小小的他,和父亲的关系越来越紧张,也越来越冷漠。他认为他的父亲一点儿也不关爱他和弟弟妹妹。他暗想,自己因而也有理由不爱父亲。他承认,少年时的他,心里竟有点儿恨自己的父亲……

有一年夏季,父亲回老家去办理祖父的丧事。父亲临走,指着一个小木匣严厉地说:"谁也不许动那里边的东西!"——他知道父亲的话主要是说给他听的,同时猜到,父亲的玻璃刀放在那个小木匣里了。但他毕竟是个孩子啊!别的孩子感兴趣的东西,他也免不了会对之发生好奇心的呀!何况那东西是自己家里的,就放在一个没有锁的,普普通通的小木匣里!于是父亲走后的第二天他打开了那小木匣,父亲的玻璃刀果然在内。但他只不过将玻璃刀从双层的绒布的套子里抽出来欣赏一番,比画几下而已。他以为他的好奇心会就此满足。却没有。第三天他又将玻璃刀拿在手中,好奇心更大了。找到块碎玻璃试着在上边划了一下,一掰,碎玻璃分为两半,他就觉得更好玩了。以后的几天里,他也成了一名小玻璃匠,用东捡西拾的碎玻璃,为同学们切割出了一些玻璃的直尺和三角尺,大受欢迎。然而最后一次,那把玻璃刀没能从玻璃上划出纹来,仔细一看,刀头上的钻石不见了!他这一惊非同小可,心里毛了,手也被玻璃割破了。他怎么也没想到,使用不得法,刀头上那粒小之又小的钻石，是会被弄掉的。他完全搞不清楚是什么时候掉的，可能掉在哪儿了？就算清楚，又哪里会找得到呢？就算找到了，凭他，又如何安到刀头上去呢？他对我说，那是他人生中所面临的第一次重大事件。甚至，是唯一的一次重大事件。以后他所面临过的某些烦恼之事的性质，都不及当年那一件事严峻。他当时可以说是吓傻了……

由于恐惧，那一天夜里，他想出了一个卑劣的方法——第二天他向同学借了一把小镊子。将一小块碎玻璃在石块上仔仔细细捣得粉碎，夹起半个芝麻粒儿那么小的一个玻璃碴儿，用胶水粘在玻璃刀的刀头上了。那一年是1972年，他14岁……

三十余年后，在我家里，想到他的父亲时，他一边回忆一边对我说："当年，我并不觉得我的办法卑劣。甚至，还觉得挺高明。我希望父亲发现玻璃刀上的钻石粒儿掉了时，以为是他自己使用不慎弄掉的。那么小的东西，一旦掉了，满地哪儿去找呢？即使找不到，哪怕怀疑是我搞坏的，也没有什么根据。只能是怀疑啊！……"

他的父亲回到家里后，吃饭时见他手上缠着布条，问他手指怎么了？他搪塞地回答，生火时不小心被烫了一下。父亲没再多问他什么。

翌日,父亲一早背着玻璃箱出门挣钱去,才一个多小时后就回来了。脸上阴云密布。他和他的弟弟妹妹吓得大气儿都不敢出一口。然而父亲并没问玻璃刀的事,只不过仰躺在床上,闷声不响地接连吸烟……

下午,父亲将他和弟弟妹妹叫到跟前,依然阴沉着脸但却语调平静地说:"镶玻璃这种营生是越来越不好干了。哪儿哪儿都停产,连玻璃厂都不生产玻璃了。玻璃匠买不到玻璃,给别人家镶什么呢?我要把那玻璃箱连同剩下的几块玻璃都卖了。我以后不做玻璃匠了,我得另找一种活儿挣钱养活你们……"

他的父亲说完,真的背起玻璃箱出门卖去了……

以后,他的父亲就不再是一个靠手艺挣钱的男人了,而是一个靠力气挣钱养活自己儿女的男人了。他说,以后他的父亲做过临时搬运工,做过临时仓库看守员,还做过公共浴堂的临时搓澡人;居然还放弃一个中年男人的自尊,正正式式地拜师为徒,在公共浴堂里学过修脚……

而且,他父亲的暴脾气,不知为什么竟一天天变好了,不管在外边受了多大委屈和欺辱,再也没回到家里冲他和弟弟妹妹宣泄过。那当父亲的,对于自己的儿女们,也很懂得问饥问寒地关爱着了。这一点一直是他和弟弟妹妹们心中的一个谜,虽然都不免奇怪,却并没有哪一个当面问过他们的父亲。

到了我的朋友34岁那一年也就是90年代初,他的父亲因积劳成疾,才60多岁就患了绝症。在医院里,在曾做过玻璃匠的父亲的生命之烛快燃尽的日子里,我的朋友对他的父亲孝敬倍增。那时,他们父子的关系已变得非常深厚了。一天,趁父亲精神还可以,儿子终于向父亲承认,二十几年前,父亲那一把宝贵的玻璃刀是自己弄坏的,也坦白了自己当时那一种卑劣的想法……

不料他父亲说:"当年我就断定是你小子弄坏的!"

儿子惊讶了:"为什么父亲?难道你从地上找到了……那么小那么小的东西啊,怎么可能呢?"

他的老父亲微微一笑,语调幽默地说:"你以为你那种法子高明啊?你以为你爸就那么容易受骗呀?你又哪里会知道,我每次给人家割玻璃时,总是习惯用大拇指末抹刀头。那天,我一抹,你粘在刀头上的玻璃碴子,扎进我大拇指肚里去了。我只得把揣进自己兜里的三角钱又掏出来退给人家了。我当时那种难堪的样子就别提了,好些个大人孩子围着我看呢!儿子你就不想想,你那么做,不是等于要成心当众出你爸爸的洋相吗?……"

儿子愣了愣,低声又问:"那你,当年怎么没暴打我一顿?"

他那老父亲注视着他,目光一时变得极为温柔,语调缓慢地说:"当年,我是那么想来着。恨不得几步就走回家里,见着你,掀翻就打。可走着走着,似乎有谁在我耳边对我说,你这个当爸的男人啊,你怪谁呢?你的儿子弄坏了你的东西不敢对你说,还不是因为你平日对他太凶吗?你如果平日使他感到你对于他是最可亲爱的一个人。他至于那么做吗?一个14岁的孩子,那么做成是容易的吗?换成大人也不容易啊!不信你回家试试,看你自己把玻璃捣得那么碎,再把那么小那么小的玻璃碴粘在金属上容易不容易?你儿子的做法,是怕你怕的呀!……走着走着,我就流泪了。那一天,是我当父亲以来,第一次知道心疼孩子。以前呢,我的心都被穷日子累糙了,顾不上关怀自己的孩子们了……"

"那,爸你也不是因为镶玻璃的活儿不好干了才……"

"唉,儿子你这话问的!这还用问吗?……"

我的朋友,一个三十五六岁的儿子,伏在他老父亲身上,无声地哭了。

几天后,那父亲在他的两个儿子一个女儿的守护之下,安详而逝……

我的朋友对我讲述完了,我和他不约而同地吸起烟来,长久无话。

那时,夕照洒进屋里,洒了一地,洒了一墙。我老父亲的遗像,沐浴着夕照,他在对我微笑。他也曾是一位脾气很大的父亲,也曾使我们当儿女的都很惧怕。可是从某一年开始,他忽然似的判若两人,变成了一位性情温良的父亲。

我望着父亲的遗像,陷入默默的回忆 —— 在我们几个儿女和我们的老父亲之间,想必也曾发生过类似的事吧?那究竟是一件什么事呢?—— 可我却没有我的朋友那么幸运,至今也不知道。而且,也不可能知道了,将永远是一个谜了……

/老妪/

那是一个卖茶蛋的老妪。在12月的一个冷天。在北京龙庆峡附近。儿子须作一篇"游记",我带他到那儿"体验生活"。

卖茶蛋的皆乡村女孩儿和年轻妇女,就那么一个老妪,跻身她们中间,并不起劲儿地招徕。偶发一声叫卖,嗓音是沙哑的。所以她的生意就冷清。老妪锅里的茶蛋未见得比别人锅里的小。我不太能明白男人们为什么连买茶蛋还要物色女主人。

老妪似乎自甘冷清,低着头,拨弄煮锅里的蛋。时时抬头,目光睃向眼前行人,仿佛也只不过因为不能总低着头。目光里绝无半点儿乞意。

我出于一时的不平,一时的体恤,一时的怜悯,向她买了几个茶蛋。活在好人边上的人,大抵内心会生发这种一时的小善良,并且总克制不了这一种自我表现的冲动。表现了,自信自己仍立足在好人边上,便获得一种自慰,和证明了什么的心理安泰感和满足感……

老妪应找我两毛钱,我则扯着儿子转身便走,佯装没有算清小账。儿子边走边说:"爸,她少找咱们两毛钱。"我说:"知道。但是咱们不要了。大冷的天她卖一只茶蛋挣不了几个钱,怪不易的……"于是我向儿子讲,什么叫同情心,人为什么应有同情心,以及同情心是一种怎样的美德,等等。

两个多小时后,我和儿子从公园出来,被人叫住——竟是那老妪,袖着双手,缩着瘦颈,身子冷得佝偻着。

"这个人,"她说,"你刚才买我的茶蛋,我还没找你钱,一转眼,你不见了……"

老妪一只手从袖筒里抽出,干枯的一只老手,递向我两毛钱,皱巴巴的两毛钱……

儿子仰脸看我。

我不得不接了钱。我不知自己当时对她说了句什么……

而公园的守门人对我说:"人家老太太,为了你这两毛钱,站我旁边等了那么半天……"

我和儿子又经过买茶蛋的摊儿时,见一老叟,守着他那煮锅。如老妪一样 低着头,摆弄煮锅里的蛋。偶发一声叫卖,嗓音同样是沙哑的。目光偶向眼前行人一睐,也只不过是任意的一睐,绝无半点儿乞意。比别人,生意依旧冷清……

人心的尊贵,一旦近乎本能的,我们也就只有为之肃然了。我觉得我的类同施舍的行径,实在是很猥琐的……

瘦老头

　　A君是我朋友,一位"环保"专家。90年代初,他以博士身份从国外甫一归来,便为国内的"环保"问题四处奔走,大声疾呼。可以说,他是中国最早的一位能以专业头脑传播"环保"思想的人。现在,他任职于某大学,成为博士生导师,业已桃李满天下矣。中国之"环保"领域中,其弟子多多,皆是有贡献者。他也经常飞往国外参加各种"环保"会议,向世界宣讲中国之"环保"现状……

　　我第一次见到他,是在区"人大"组织的代表学习活动中。屈指算来,六七年前的事了。他作为专家,向二十几名区人大代表介绍世界"环保"经验。中午吃饭时,我恰坐于他的旁边。主食是米饭,也有面条。他要了一碗米饭,持箸端碗之际,叫住服务员姑娘望着一桌羹肴小声问:"有榨菜吗?"

　　服务员姑娘摇头后说,有泡菜,有食堂自腌的小咸菜,有南方辣菜,还有腐乳,就是没有榨菜。

他却说:"怎么可以没有榨菜呢? 榨菜,必然应该有的啊!"

服务员姑娘说:"那,就只能为您现去买一小袋了。"

众人都看得分明,人家服务员姑娘那么说,显然等于软软地"将"了他一"军",使他认清形势,能在没有榨菜的特殊情况下,顺利地将一碗米饭吃下去。

不料他赶紧说:"那多谢了,那多谢了!"

服务员姑娘愣了愣,不乐意地离去。

他见众人都在费解地望他,神色颇不自然,连道:"见笑见笑,对我来说,米饭还是就着榨菜才香。毛病,毛病……"

众人都未接言,默默赔笑而已。

我心里暗想,当然是毛病! 觉得众人心里,肯定与我同感。

他呢,则干脆垂手而坐,直等到人家服务员姑娘为他买来了一小袋榨菜;于是撕开,全部抖在碗中,拌几拌,大快朵颐。

后来,我又在别的场合见到过他几次,竟成朋友。对于他的经历,尤其他与榨菜的亲密关系,渐渐了解:

A君原本是北方林区的一个孩子,他上小学四年级时,逢"文革"年代。"文革"对于中国当年的中小学生们，大抵也留下过某些愉快的回忆。比之于今天皆被逼迫成了分数的奴隶的中小学生，当年的中小学生们简直可以说"幸福"无比了。逃学之事，蔚然成风。在那样的年代，全中国的中小学生没多少真的"以学为主"的，绝大多数以玩为主。尤其像 A 君那样一些当年的北方林区的孩子，用 A 君的话说，是"从早到晚，一心只想着怎么玩儿"。

"对于孩子，我们林区有意思的事儿太多了呀！那个年代，我们快玩疯了。我的四年级同学中，居然有识字不足一百个的，还居然有背不下乘法口诀的。别说我们些个孩子认为读书无用了，连我们的父母差不多也都这么认为啊！我们的小学校，在林场的场部。我们结伴从家里走到场部去，得走一个来小时。即使离开家门时，都是打算不逃课的，但半路一发现吸引我们的事儿，比如一个马蜂窝，一个鸟巢，一只大个儿的青蛙，或一只蜻蜓王，便又集体逃课没商量了。因为坚持上学的学生越来越少，老师们都找借口调离了学校。我四年级还没读完，学校合并到县城去了。这么一来，我们上学更远，便都索性辍学了。家长们懒得管我们，不是家长的大人们对我们的种种玩法淘法也早已司空见惯，我们仿佛成了林区的一群小野生动物，整天纠结在一起东游西逛，为了满足心理快感，也每干点儿坏事。比如偷几串张家院子里晒的蘑菇,悄悄挂到李家的院子里去,看两家的人因而吵起来了,我们大为开心。又比如见谁家院子里的花啦菜啦的长得好,没招虫,我们就活捉一罐头瓶毛虫,隔着板障子,将罐头瓶扔进谁家院子……"

三十多年后,在冬季的一个下午,在我家里,A君将臂肘架在窗台上,缓缓地吸着烟,不动声色地向我讲着他小时候所干的种种坏事。虽然是在冬季,那一个下午的阳光却很好,照进屋里一大片,也照在我和他的身上。是的,他起初是不动声色的,开始讲到"瘦老头儿"的时候,表情和语调才使我觉得有了忏悔的意味……

"某天,我们五六个最野的小伙伴的视野中,出现了一个陌生的瘦老头。连大人们也不知道他从前是干什么的,只互相传说他是从南方被发配到我们那处北方林场的,姓张。还传说,连他的姓也是有关方面安在他头上的,并非他的真姓。家长们嘱咐我们,千万不要做什么辱害他的事,因为他已经患了晚期癌症,活不了多少日子了。有些话,即使家长们千叮万嘱,我们也还是会当成耳旁风。但是那一回,我们都把家长们的话记在心里了。辱害将死之人,是必会受到老天惩罚的,林区的大人孩子都深信此点。何况,瘦老头确实瘦得令人可怜,又高又瘦。他的脸,几乎是一张皮包骨的脸,所以就显得眼睛挺大的。但是他的背,却挺得很直,起码我们每次见到他时他是那样子。他被指定住在一处路口的小木板房里,从林区往外运原木的卡车必然经过那个路口,他的工作就是负责登记车牌号、驾驶证号、运出的是何种原木。他一在那小木板房住下,便开始清理周围的垃圾,铲平土堆,围小园子。当时是春季,他在小园子里翻地、培垄、埋种。我们远远地望着,都困惑不已。依我们看来,他肯定活不过夏季的,大人们也都这样认为。那么,他所做的一切,不是毫无意义吗?夏天来临了,他竟没死。而那小园子在他的精心守弄之下,茄子、豆角、黄瓜、柿子、西葫芦什么的,结得喜人。那破败的小木板房的前后,也有各种各样美丽的花开着了。某次我们经过他那园子,他在园子里唤住了我们,手拿着松土的小铲子问我们:'听说你们几个很淘,是吗?'

"我们相互看看,都不知道该怎么回答他。

"他又说:'男孩儿不淘气的少。咱们订一条君子协议好不?——请你们不要祸害我这园子里的菜秧。如果你们能做到,而我不到秋天就死了,那么园子里的菜由你们收获,全归你们。如果我活到了那一天,我只留少部分,大部分还是归你们。这个协议,你们现在愿意和我订下来吗?

"我们又互相看着,都不由自主地点头。

"而他,望一眼小木板房,又说:'要是我真的活不到秋季,拜托你们几个,替我把那些花的籽撸下来,用纸包好,交给接我工作的人。就说我希望他,年年种花。那些花多美啊,不论自己看着还是别人看着,心情都愉快嘛,是吧?'

"我们又不由自主地点头。

"'那么,你们算是答应我了?'

"我们除了点头,仍不知该说什么。彼此使使眼色,一转身都脚步快快地走……"

A 君按灭烟,喝了一口茶,问我小时候想到过死没有?

我说我七八岁时的一天,在无任何人暗示的情况下,不知怎么一来,忽然就想到了死,于是害怕得独自流泪,感到很绝望、很无助。

"大部分人小时候都经历过那么一个时期吧?"

"我想是的。"

"我们当时就正经历着那样的时期。别看我们整天疯啊野啊的,似乎天不怕地不怕,其实个个心里有一怕,就是怕死,只不过谁都不愿承认罢了。所以,我们对瘦老头都有几分佩服起来,因为他是一个不怕死的人。一个怕死的人,在活过今天不知明天还活不活得成的情况下,哪儿还有心思管什么菜啦花啦的呀!从那一天以后,我们再经过那小木板房和那小园子时,都一反常态,不吵不闹了。那一年的秋天来得早,立秋不久,发生一次山火;许多人家怕遭殃,离开林场,四处投亲靠友,我和几个小伙伴的家人,也将我们分别转移了。我们的父母并没随我们一起走,他们身负扑火的义务。等我们从四面八方回到林场,已经是一个多月以后的事了。山火早已扑灭,也没有哪一户人家被火烧到。我们都以为瘦老头肯定死了,各自回到家里才知道,他非但没死,还将园子里的菜收了,一篮一篮地送到了我们各自的家里。大人们都说,为了打听清楚我们都是谁家的孩子,他真是费了不少口舌。还说,他夸我们都是守信誉的孩子。从没有谁夸过我们那几个淘小子,明明是他自己一言九鼎,却反过来夸我们守信,使我们都惭愧极了。难道没忍心糟蹋他的园子也能算守信誉吗?那么,做守信誉的人也太容易了呀!于是我们一起去谢他,他园子里的菜秧已经拔起来,堆在一角;小木板房前后的花,也显然被撸过秆了。而他正在吃饭,不过就是喝着碗里的玉米面糊糊,就着小盘里的一点儿什么咸菜条而已。屋里这儿那儿,却不见有什么菜的影子。我们问他为什么不给自己也留些菜呢？他说他不愿吃菜,只愿吃小盘里那种咸菜。我们一时便都失语,由我替大家吭吭哧哧说了两句谢他的话,皆转身想走。他不让我们立刻离去,放下碗筷,从一个纸盒邮包里取出些小塑料袋,一一塞在我们手中,告诉我们那是榨菜。从小在北方林场长大的我们,头一次听说'榨菜'两个字。我们走在回家的路上时,就都撕开小塑料袋尝起来。这一尝不要紧,哪个都管不住自己了。榨菜真好吃呀,嫩嫩的,脆脆的,微酸微咸微辣,与我们北方的任何一种咸菜的滋味都不同,也比我们所吃过的任何一种北方咸菜都爽口。在当年,我们北方人家腌的咸菜,无非就是疙瘩头、咸萝卜什么的,我们早都吃烦了。蒜、茄子固然是好吃的,但一般人家是舍不得把茄子也腌了的。纵使舍得腌点,往往也要留着待客,或春节才吃。你可想而知,榨菜对于我们,不啻是种美食。我们一会儿就都把各自的一小袋榨菜吃光了,一个个却还想吃。当然的,一进家门,就都喝水。过了几天,我们聚在一起,一商议,一块儿捡了些干枝子给瘦老头送去当柴烧。其实个个都明白,那是借口,还不是希望能得到那么一小袋榨菜嘛!瘦老头见了我们特别高兴,也十分感动于我们的好意。但是,却没再给我们榨菜。他问,为什么总不见我们背着书包去上学?

还是由我替大家回答他：因为小学校合并到县里了，去上学路太远了。又问，那你们还想不想学文化知识了呢？我们就一时的你看我，我看他，都有心诚实地回答：不想——学了又有什么用呢？就是学得再强，长大了想当正式伐木工人，那还得托关系走后门呢！可谁好意思这么诚实地回答啊，正在应该上学的年龄，自己却说根本不想上学，那话太羞臊了，说不出口。便都违心地说，其实都可想上学呢。瘦老头沉吟片刻，问如果我教你们学，你们愿意不？这一问，我们又都充聋作哑了。小伙伴中有一个反问，如果我们让你教，对我们有什么好处？瘦老头摸了摸小伙伴的头，问榨菜好吃吗？这下，我们才齐刷刷地回答——好吃！他便接着说，只要同意他每天教我们两个小时，我们将会经常吃到好吃的榨菜。就这样，我们几个才上小学四五年级的孩子，以后竟成了那么一个身患绝症的瘦老头的学生。

"我们确实以后又吃到了好吃的榨菜，但却并不是每人每次一袋。他只给学习有进步的那个，一次照例只一袋，比现在飞机上有时候发的那种小袋大不到哪儿去，他说等于是奖励。这么一来，起初只不过由于太馋才到他那里去当他的学生的我们，都被激发起了好强心理。渐渐地，连自己也说不清都甘愿当他的学生所为何由了。瘦老头很会教学生,比如他每教我们识一个新字,都会从那个字一千多年以前是怎么写的讲起。他说每一个中国字都是长寿佬,都有婴儿时期和童年、少年、青年、中年阶段。每经过一个阶段几乎都要变一次,到再也不变的时候就是固定在最美妙的时候了。我知道你想说什么,当然,今天由我们这样的人听来,那话毫无独到之处。可你别忘了,我们是三十多年前出生在林场的一些孩子,我们连县城还没去过呢!教过我们的小学老师,大抵也只不过具有初中文化程度而已,并且有的还是林场'革委会'头头脑脑的子女。当老师对于他们,只不过是混一份工资罢了,他们从没那么教过我们新字。如果他们也像瘦老头讲得那么有趣味,兴许我们都是爱学习的好学生了。瘦老头讲算术也讲得特有意思。他说这世界也基本上是数字的世界,比如水是由水分子组成的;而一个水分子,是由两个氢原子一个氧原子组成的,二比一这种数字关系永远包含在不受污染的水中。眼睛看着一碗水,也可以想象是看着万万亿亿的数学比例式。几乎人眼所见的每一种东西,将它们用化学的方法化解到最小单位时,便都是些数学式的关系了。那些数学式一变,某一种东西就开始发生质变了。甚至,连世界也开始发生某一方面的变化了。我们虽然小学四五年级就辍学了,可他竟将算术、代数和几何连在一起讲给我们听,而且还每每将物理和化学知识包含在内。没多久,他开始频频表扬我们都是些聪明的孩子;我们自己也都开始觉得,原来我们并不像自己和我们的爸爸妈妈所以为的那样,都是笨头笨脑的孩子,'根本不是读书的料'。当年的课本,你也知道的,语文也罢,算术也罢,都是没意思到了极点的。幸而瘦老头根本不是手拿当年的课本教我们,他要是也那样教,即使榨菜再好吃,那我们当了几天他的学生,还是会逃之夭夭的。总而言之,瘦老头他渐渐将我们迷住了。不管知识有没有用,他将知识变得非常有趣了是一个事实。他讲课时,腰板挺得尤其直,一只手背在后边,一只拿粉笔的手自然而然地举在胸前,目光几乎一刻也不离开我们的脸,一忽儿凝视这个,一忽儿凝视那个。有时,他的目光明明在凝视这个,却会将拿粉笔的那只手忽然一伸,叫起另外某个回答问题。另外那个一时回答不上来,他也从不急,一向耐心地说:'想想,再想想,上次我讲过的。'于是将自己的目光望向窗外,耐心地期待。如果他对于回答半满意不满意,就会很认真地问我们另外几个:'咱们民主一下,你们认为该奖给他榨菜吗?'通常情况下,大家必会异口同声地说:'应该。'因为我们心里有数,奖给了谁,也等于奖给了大家,谁都不会独吞的。我们分吃具有奖励意味的榨菜时,不但口中的感觉好极了,心里的感觉也好极了。对于我们而言,仿佛瘦老头的课也讲出了和好吃的榨菜一样的滋味。每当他的手伸入纸盒邮包往外拿榨菜时,也照例要说一句:'多乎哉,不多也。'我们呢,就都开心地又都有些不好意思地笑。自从我们成了他的学生,他几乎每个月都要去邮局取包裹了。而以前,隔两三个月才会有包裹从南方寄给他。他住的小木板房也因为我们而变了,他将一张破桌子重新摆放,使一面墙壁一览无余;又不知从哪儿搞到半瓶墨,涂黑墙壁,于是成了黑板……你听烦了吧?……"

阳光照在"环保"专家的脸上:他微眯着眼,目光凝注地望着窗外某处,仿佛要看清什么。问我话,居然也不转一下脸。窗外是元大都城墙遗址,覆盖着冬季的第一场雪。北京的冬季是很少下那么大的雪的,这使北京多少有点儿东北冬季的景象了。然而,窗外毕竟没有了记忆中的林场,没有住着一个瘦老头的小木板房……

我说:"讲下去。"

他说:"在那一年的冬季,小木板房成了我们几个孩子的阳光房……其实那小木板房并不朝阳,再加上一面墙涂成了黑色……但是你能明白我的意思吧?……"

我说:"明白。"

"我们那时已经不叫他瘦老头了。我们已经开始当面叫他张大爷了,背后却都叫他'咱们老师'……"

"为什么不是反过来,当面叫他老师,背后叫张大爷?"

"我们中有一个当面叫过他老师的。他正要提问,一下子被叫愣了。愣了几秒钟,走到窗口那儿去了。背着一只手,腰挺得笔直,一动不动地在窗口那儿站了很久,我们全都呆望他的背影,不知他是怎么了。终于我们听到他低声说:'今天的课就讲到这儿,我有点儿不舒服,孩子们你们可以走了……'我们一个个悄没声地离开,我走在最后,忍不住轻轻将门推开一道缝,往内偷窥,结果我看到他双手捂在了脸上。对于他的身高,那小木板房的屋顶实在是太低了。如果他脚下垫两三块砖,那么他的头差不多就触到屋顶了。我看得出来,他是在无声地哭,尽管我窥到的只不过是他的背影。我们当然都无法理解那是为什么,却互相告诫,以后都不许当面叫他老师了……大人们说,他活不到开春的。可春天来临了,他仍活着。我们帮他修小园子的篱笆,帮他翻地、培垄,帮他搭菜架和花架……"

"等等……"

A君缓缓地将脸转向了我。他已半天没看我一眼了,似乎只不过在自言自语。

我说:"晚期癌症有时是很疼痛的。"

他说:"是啊。可我们那样一些孩子,当年也不懂许多事啊,也不知道怎么心疼大人啊。我们是见到他疼痛难耐过的,某天他讲着讲着课,忽然一手捂胃,接着额上渗出汗来;再接着,弯下了他那一向笔直着的腰。那是他第一次在讲课时弯下腰去。很快他又直起腰来,说他去茅房,还不许我们离开屋子。我们只当他是忽然肚子疼了;我们也都忽然肚子疼过啊!着凉、岔气儿、吃了什么不干净的东西,都会肚子疼的呀,谁还没肚子疼过呢?他半天没回来,我们就都有点儿不安了,都出去了,见他蹲在门旁,双手握成拳,一上一下抵压着胃腹。他脸上滴落的汗,湿了鞋尖前的地面儿。我们将他搀进屋,他说他没什么,疼痛一会儿就会过去的。他撕开一袋榨菜,一条接一条全吃光了。之后倒了半碗开水,吹一口喝一口,转眼喝尽。我们当年真傻,虽然都亲眼看到了他疼痛的样子,却没有一个往癌症那方面去联想。也可以说,那时的我们,其实是很排斥他患了不治之症这一个事实的,也特别讨厌人们判断他活不了多久的话。我们宁愿相信,他能那么干瘦干瘦地活很久、很久,等我们都长成了大人,还活着。我们已经看顺眼了他的瘦,反而都觉得,如果他不那么瘦,就不符合'咱们老师'应该怎样的条件了。

"两年半以后,他还活着。一天他对我们说,我们不可以再是他的学生了,而应该到县里去读中学。并说,他已经分别和我们的父母谈过了,我们的父母都是同意的。可我们却有点儿不情愿,我们对当年的学校还是难以产生好感,长大以后都争取当上伐木工人是我们一致的想法。他却这么问我们:'一个国家的森林是有限的,有限的森林会越伐越少。到那时,国家就不需要很多伐木工了,你们可拿自己怎么办呢?'他的话,使我们都忧虑起来。见我们个个低头不语,他又夸我们全都如何如何聪明,说中国的将来,究竟会产生多少新的行业,需要多少文化高、知识广、能力棒的人才,是他难以想象到的,更是我们这样一些孩子不可能想象到的,所以我们只由着性子在年龄这么好的时候虚度时光,高兴怎样就怎样,不高兴怎样就不怎样,那是不对的。人有时候更应该明白应该怎样不应该怎样的道理。从没有人对我们说过那样的话,我们的家长也没说过。但当时他的话并没说到我们内心里去，我们也不是太理解他的话，却看得出来，他完全是为了我们好。我们心生感动，然而其实并没被说服。他的话对我们父母的影响，比对我们的影响大得多。于是我们的父母都严厉地命令我们，几天后必须跟他们到县里那所中学去。县中学的校长听说我们都没读完小学，指示要对我们进行考试，还要先亲自一个一个地面试我们。如果面试没通过，那连考也不必考了，还是再去读小学吧。我被面试过以后，在操场发现了瘦老头。我问他为什么也来了，他说他忘了让我们每人带上一袋榨菜，所以亲自给我们送来；说如果对着卷子一时发蒙，嚼一条榨菜能使心情稳定下来，还能清脑，使精力集中。他将几袋榨菜交给我，一转身蹒跚而去；为的是赶上一趟林区的小火车。校长面试过我们之后又决定，不对我们进行考试了，当即就将我们分了年级和班级。我们一一被插入初二各班，有一个还直接被插入了初三的某班。校长显得很高兴，当着几位老师的面指着我们说：'像他们这样的孩子，来多少收多少，都不必经过考试！'我们成了县中的学生以后，都得住在学校了。县城距离林场三十多里，到了林场也不等于是到了家门口，到家还得走上十来里，不住校是不行的。我们连星期日也很少回家了，因为要是搭不上便车，就得坐小火车，那年月，我们怎么会舍得花五角钱买一张车票呢？往返要花一元钱呢，根本舍不得。我们一块儿回家，是在放寒假后。到家当天，吃午饭时，我父亲一时想起地告诉我——'你们应该感谢的那个瘦老头，他死了，才几天前的事儿。'大人们虽然知道了姓张，但背后普遍的都叫他瘦老头，当面则叫他'哎你'，因为一连他的姓叫，反而不好叫了。他的政治问题使大人们都尽量避免和他接触。何况，都认为他并不真的姓张。我搁下饭碗便往外跑，挨家将小伙伴们叫上，一块儿跑到了小木板房那儿。几场大雪将小木板房的门埋住了半截，门上贴的封条已被风撕得残缺不全。我们想从窗子往里看，窗玻璃结着厚厚的霜。园子里，雪被下刺出参差不齐的搭菜架的木条和树枝。几只绒球似的麻雀在雪上蹦来蹦去的……"

"环保"专家又吸着一支烟。

我问："他埋在你们林区了？"

他说："不。他被火化之后，骨灰寄给了他南方的什么亲人……估计，就是往常从南方寄给他榨菜的亲人吧。这也只是我们的估计而已。凭我们几个初中生，当年打听不清关于他的什么真实情况。也根本不知道向谁们去打听……"

"那，后来你们几个……"

"'文革'一结束,我们先后都考上了大学。现在,除了我,我们中还出了两位大学教授、一位林业局副局长。还有两个成了外国人,一个在美国,一个在法国。他俩起先也在大学里任教,近年失去联系了。啊对了,现在县中的校长,也是我们中的一个。县中现在是地区的重点中学了。我早已将父母接到京城来住,在林区没亲戚。前年我回去了一次,没什么事儿,就是很想回去看看。一切都今非昔比了,大多数伐木工人都转行了,少部分伐木工人成了护林队员或育林工人。我们那个当县中校长的发小告诉我——据他后来了解,我们的恩师……他算得上是我们的恩师吧?……"

我说:"当然。"

"他五七年'大鸣大放'中,因为批评乱砍滥伐的现象,成了'右派',从一所大学被扫地出门,成了一名扫街人。'文革'中,又被收集整理了几句'反动言论',判刑入狱。出狱后,被押送到东北进行改造。因为70来岁了,没地方愿意改造他了,阴错阳差地,被像破麻袋似的甩弃在我们那个林场了。我们当县中校长的发小,也就了解到这么多,还不知确凿不确凿。我们恩师患的是晚期胃癌,这一点倒是可以肯定的。当年给了他一份工资,只有二十几元,仅够他吃饭活着的,哪里能挤出买药的钱呢?当年在林区,又能买到什么药呢!所以胃疼起来,也只能忍着。现在想来,榨菜是唯一能帮他每天喝得下两碗玉米面糊糊的东西。他连自己园子里收的菜都一点儿不留,证明除了榨菜和玉米面糊糊,他的胃已经不接受任何其他食物了。也许,榨菜对于他的胃,还有匪夷所思的止疼药作用吧,你认为呢?……"

我说:"这我很难回答你。"

他转动着手中的半截烟,看着,语调缓慢地又说:"如果真是那样,当年我们还馋他的榨菜,那可太罪过了。我的大学生活是在哈尔滨度过的,一到哈尔滨,我就到处买榨菜。可当年的哈尔滨,哪哪都买不到榨菜。直到我大三了,哈尔滨的某些副食店里才出现南方的榨菜。我一买到手,就吃零嘴儿似的吃掉了一袋儿。我们中还有一位。第一次乘飞机时,飞机上发的盒饭中有一小袋榨菜。一小袋对于他是不够的,居然厚着脸皮又向空姐要了一小袋。我们那两个在国外的,隔三岔五地就要跑到唐人街去吃碗榨菜面什么的,说否则胃里就像有馋虫在蠕动……你明白我为什么那么喜欢吃榨菜了吧?"

我说:"明白了。"

"我们当县中校长那位,专门咨询过医生,问他那么喜欢吃榨菜,算不算一种病? 你猜医生怎么回答他?"

"怎么回答?"

"医生说:'我也喜欢吃榨菜啊! 只要每餐吃得清淡点儿,一天一小袋儿,多喝开水,对身体不会有什么危害的。'医生还说自己一犯烟瘾时就吃一条榨菜,竟然把烟戒了,但愿我也能那样。一位又瘦又病的高个儿老人改变了我的人生,而榨菜使我每天的日子有种别人咀嚼不出的特殊滋味……"

我的"环保"专家朋友接着又说了些什么,我已不再注意听了。似乎,他说到了贵人、缘分之类的话,还说到了哪一首歌……

但我的目光已经望向我家的一面墙壁;墙上的小相框中,镶着一幅西方肖像派油画,印刷品——米开朗琪罗的《先知耶利米》;那先知沉郁而苍老,低着头,垂着眼皮,右手撑着下巴,实际上是严严地捂住了自己的嘴。他在思考着什么事,表情苦闷而忧伤。我觉得,那先知若瘦一些,大概就有点儿像我朋友记忆中的瘦老头了吧?……

"你在想什么?"

朋友不知何时站到了我身旁。

我说没想什么。

他说:"你对良知和责任怎么理解?"

我说:"一回事吧?"

"一回事?难道是一回事吗?有良知只不过意味着不做坏事,有责任的人却是要大声疾呼的!在我这一行里,我是有责任的人。在你那一行里,你只不过还有点儿良知罢了!知道我为什么今天到你家来吗?知道我为什么向你讲那些吗?不是因为我讲述的愿望太强烈了,而是为了你!因为你我已经是朋友了,因为我觉得,你这样的作家只保留住了点儿所谓良知,却一点儿都不承担社会责任了,那是不对的!估计这年头没什么人会跟你说这种话了。你我既有缘成为朋友,那么我认为我应该成为你人生中的瘦老头!尽管我比你小七八岁!……"

我惊愕,我呆住,那一刻我双耳失聪,听不到他接下去所说的话了。

我的眼又一次望向《先知耶利米》……

/怀念赵大爷/

"赵大爷不在了……"妻下班一进家门,戚戚地说。

我不禁一怔:"调走了?还是不干了?"

"去世了……"

我愕然。顿时想到了宿舍区传达室门外贴的那张讣告——赵德喜同志因病医治无效,于4月14日晚去世,终年60岁。行文简短得不能再简短……

那天,我看见了讣告。可我怎么也没想到赵德喜是赵大爷。此前我不知他的名字。当时我驻足讣告前,心想赵德喜是谁呢?我怎么不认识呢?

我许久说不出话,一阵悲伤袭上心头。

以后的几天里,我的心情总是好不起来……赵大爷是我们儿童电影制片厂的勤杂工。也是长期临时工。一个一辈子没结过婚的单身汉。一个一辈子没有过家的人。只在农村有一个弟弟……

1988年底,我刚调到童影,接到女作家严亭亭的信,信中嘱我一定替她问赵大爷好。她在童影修改过剧本。赵大爷给她留下了非常善良的印象。

童影的人不分男女老少,都称他赵大爷。我自然也一向称他赵大爷。那时我的父亲还在世。有次我和他打招呼,他挺郑重地对我说:"可不兴这么叫了,你老父亲比我大二十来岁,在老人家面前我算晚辈呢!"我说:"那我该怎么称你啊?"他说:"就叫我老赵吧!"我说:"那你以后也不许叫我梁老师了。"他说:"那我又该怎么称你啊?"我说:"叫我小梁吧。"过后他仍称我"梁老师",而我仍称他"赵大爷"。

儿子有次写作文,题目是《我最尊敬的一个人》。

儿子问我:"爸,谁值得我尊敬啊?"

我说:"怎么能没有值得你尊敬的人呢?你好好想!"儿子想了半天,终于说:"赵大爷!"我问为什么。儿子说,赵大爷对工作最认真负责了,一年四季,每天早早起来,把咱们周围的环境打扫得干干净净。每年开春,赵大爷总给院里院外的月季花修枝、浇水。每年元旦、春节,人们晚上只管放鞭炮开心,而第二天一清早,赵大爷一个人默默地扫尽遍地纸屑。赵大爷总在为我们干活儿……

儿子那篇作文得了优。记得我曾想将儿子的作文给赵大爷看。为的是使他获得一份小小的愉悦。使他知道,一位像他那样默默地为大家尽职尽责服务的人，人们心里是会感激他的。起码，一个孩子在父亲的启发下，明白了他便是一个值得尊敬的人。可是后来我没有这么做。不是想法改变了，而是忘了。现在我好悔。赵大爷是该得到那样一份小小的愉悦的，在他生前。

赵大爷无疑是穷人中的一个。五年多以来，我从未见他穿过一件哪怕稍微新一点儿的衣服。我给过他一些衣服，棉的、单的、毛的，却不曾见他穿。想必是自己舍不得穿，捎回农村去了吧？他不但负责清除宿舍楼七个门洞的垃圾，还要负责清除厂里的垃圾。他干的活儿不少，并且是要天天干的。哪一天不干，宿舍区和厂区的环境都会不大一样。据我所知，他每月只拿一百五十元。在今天，每月只拿一百五十元，干他天天必干的那种脏活儿，而且干得认真负责、任劳任怨的人，恐怕是太难找了！

干完他应该干的活儿，他还经常帮人修自行车。他极愿帮助别人。据我所知，他大概是个完全没有文化的人。然而在我看来，他又是一个极其文明的人。一个极其文明的穷人。我从未见他跟谁吵过架。甚至从未见他和谁大声嚷嚷过。一些所谓有知识有文化的文明人，包括我这样的，心理稍不平衡，则国骂冲口而出。我却从未听到赵大爷口中吐出一个脏字。我完全相信,在别人高消费的比照下,穷是足以使人心灵晦暗的。然而在我看来,赵大爷的心灵是极其明澈的。似乎从没滋生过什么嫉仇或妒憎。他日复一日默默干他的活,月复一月挣他那一百五十元钱。从不窥测别人的生活。从不议论别人的日子。他从垃圾里捡出瓶子罐头盒、纸箱破鞋之类,积聚多了就卖。所得是他唯一的额外收入……

这使我养成了习惯,旧报废书,替他积聚。就在他去世前一天,我还想,又够卖点儿钱了,该拎给赵大爷了……

每逢年节,我都想着他,送包月饼,一盘饺子,一条鱼,一些水果什么的……

赵大爷,我心里是很尊敬你的啊!你穷,可是你善;你没文化,可是你文明;你虽与任何名利无缘,可是你那么敬业,敬业于自己扫院子、清除垃圾那一份脏活儿……

你就那么默默地走了,使我直觉得欠下了你许多……

好人赵大爷,穷人赵大爷,文明而善良的穷人赵大爷,干脏活而内心干净的赵大爷,穿破旧的衣服而受我及一家人敬爱的赵大爷,我们一家,和在传达室每日与你相处的老阿姨,将长久长久地缅怀你……

/朱师傅一家/

赵大爷死后,朱师傅来了。接替赵大爷,成为我们儿童电影制片厂宿舍楼的管理员。职责和赵大爷一样,担负环境卫生及安全。

朱师傅可能比我年龄小七八岁,安徽农民。自然,他住在赵大爷住过的小小门房里。门房有十平方米左右,隔为两间。外间是收发和传达,朱师傅住里间。小小门房一分为二,里间摆一张单人床和一张窄桌外,也就没什么余地了。

收发和传达另有人负责。地方也特别小。所以朱师傅的起居,客观上就限定在里间了。

别人都叫他朱师傅,或叫他老朱。他年龄明明比我小,我叫他老朱自觉不合适,故也随年轻人们叫他朱师傅。他则随年轻人们叫我"梁老师"。

有次我说:"朱师傅,别叫我梁老师,叫我老梁。"

他愣了愣,却说:"那哪儿成呢?那么多人都叫你梁老师,我怎么能叫你老梁呢?"

我说:"那就叫我晓声。不是也有那么多人叫我晓声吗?"

他说:"他们是你朋友啊!"

我说:"那你也当我是朋友嘛。"

他说:"行,梁老师,以后我就当你是朋友!"

直到现在,他仍叫我"梁老师"——虽然,我这方面觉得,他已经拿我当朋友了。看来"梁老师"他是叫定了,没法儿要求他改了。

和赵大爷一样,朱师傅也是极有责任心的人。我们宿舍楼周围的环境卫生一直挺好,人们都是比较满意的。这受益于朱师傅的责任心和勤劳。

记不得从哪一年起,朱师傅的女儿朱霞来了。朱霞已经是大姑娘了,二十一二岁了,但看上去仍像少女。自幼患了小儿麻痹,一只手有些残疾。人们都很喜欢朱霞,我也喜欢她。她是个有礼貌又懂事的姑娘。人们也都很惋惜她的病,都希望她的病能在北京治好。

不久朱师傅的妻子和儿子也一道来了。他妻子是位质朴的农村妇女。她随朱师傅叫我"梁老师",而我称她"嫂子",这在辈分上是颠倒的。其实我应叫她"弟妹"。但我不习惯那么叫她。而她呢,既然我称她"嫂子",她似乎也就只有姑妄听之了。

朱师傅的儿子比朱霞小两岁,叫朱凡。朱凡是个清秀且聪明的农村小青年。比少年大不点儿那类青年。

朱师傅常替人们修自行车。朱凡从旁看了几次,会修了。遇有谁家的自行车坏了,推到门房外,请朱师傅修,倘若朱师傅没时间亲自修,便将"任务"交代给朱凡。往往还要严肃地叮嘱:"要认真修啊,不许对付!"

我曾对朱师傅说:"朱师傅,别不好意思,要收钱。"

朱师傅笑着说:"那哪儿行呢?那成什么事儿了呢?"

我也曾对朱凡说:"你爸不好意思收钱,你有什么不好意思的?你要收!"

朱凡也和他父亲那么憨厚地笑,不吱声儿。

"朱霞,你收!"

朱霞也笑。

"嫂子,他们都不好意思,你出面收!在这一点上不必学雷锋,不必搞无偿服务!"

她同样憨厚地笑。

我也曾暗中对某些关系亲密者打招呼——"咱们都不要让人家朱师傅白修车啊!"

人们都说对。

其实街口就有修自行车的。但那修自行车的天一黑就收摊了。住在楼里的大人们或学生们,往往晚上了才想起自行车有毛病,怕影响第二天上班上学,于是只有求助于朱师傅。而朱师傅从来有求必应。即使自己没空儿,也是先应下来,让儿子修。尤其冬季的晚上,不能把自行车搬屋里修,只能将电灯拉到外边,冻手冻脚地修……

这不给几元钱真是让人过意不去。

但据我所知,他们是从来不收钱的。非塞钱给他们,反而会搞得他们非常窘。

我妻子的自行车,我儿子的自行车,他们也不知贪黑给修过多少次了。

我们也只能送些东西,变相地表示感谢。

冬霞曾在北京住院治过病,厂里为此发起了募捐。或多或少,是一份心。总之几乎都捐了。捐的都很情愿。证明人们对朱师傅和他的一家都是很友善的。也证明朱师傅和他的一家,给人们的印象是非常良好的。

原本仅容得下一张床的传达室里间,四口之家是显然的、绝对的没法儿同住的。但这世上在一些人看来是显然的、绝对的事,在另外一些被逼到被推到那事前的人们,往往也就不那么显然不那么绝对了。正所谓事是死的,人是活的;生存空间是小的,人生活的心气儿却可以大一些。朱师傅捡了一张破木床,修修,将两张木床摞起来了,成了双层的床。又捡了一块板,晚上临睡前将下床接出一条。就这样,显然而又绝对解决不了的困难,似乎也就得到了一定程度的解决。朱霞和母亲每晚睡下床,睡得多么挤是可想而知的。朱凡睡上床。而朱师傅自己,则每晚在厂里到处找地方借宿。好在厂里有些供值班人员睡的床,一般情况下他借宿不会遭到拒绝。

现在,这一家四口的生活,主要靠朱师傅一人的微薄收入维持着。

但我从未见朱师傅愁眉苦脸过。

朱师傅另外还有没有收入呢?

有是有的——四处捡些废物卖。

他清除七个垃圾通道时,常将易拉罐儿、塑料瓶眼细地挑出来攒着。我也常见他推了满满一车废物送往什么地方的废品站。

我曾听有人说:"嘿,又发了,也许卖不少钱呢!"

我不相信现而今谁靠捡废物卖会"发"。

倘真能,为什么我们城里人不也"发"一把呢?

一个易拉罐儿几分钱,一斤废报几角钱,这我也是知道的。一车废物卖不了多少钱的。明摆着的事儿。

朱师傅挣的是城里人,尤其是北京人显然的、绝对的不愿挣的钱。也是显然地、绝对地在靠诚实的劳动挣钱。

故我常将能卖钱的废物替朱师傅积攒了,亲自送给他。

有次我问:"怎么最近没见朱凡啊?"

他笑了,欣慰地说:"去学电脑了!"

这一位中年的、安徽农村来的农民父亲,就用自己卖废品所得的钱,供他的儿子去学最现代的谋职技能。

现在朱凡已经在某邮局谋到了一份临时的工作。尽管收入和他父亲的收入一样很低微,但毕竟的,全家多了一份收入啊!

某日,朱师傅见了我,吞吞吐吐地问:"你看,如果我想在车棚这一角用些胶合板围一处我睡觉的地方,厂里会同意吗?"

我说:"我不是早就建议你这样做了吗?只管照你的想法做吧,厂里我替你说。"

厂里的领导也很体恤他一家。

现在,朱师傅有了自己的栖身之处——就在门房的边上,一米多宽,两米多长,用胶合板围的一个箱子似的"房间"。睡在里边,夏天的闷热、冬天的森冷,大约非一般城里人所能忍受。

现在,这一家人已在北京——确切地说,在我们童影的门房生活了七八年了。除了朱霞,朱师傅、

"嫂子"和朱凡,都在为生活而挣钱。不管一份工作多么脏、多么累,收入多么低微,在北京人看来是多么不值得干、不屑于干,在他们看来,却都是难得的机遇……

在风天,在雨天,在寒冬里,在赤日下,我常见"嫂子"替朱师傅清理七个垃圾通道,替朱师傅打扫宿舍区和厂区的卫生。也像朱师傅一样,从垃圾里挑拣出可卖点儿钱的东西。她替朱师傅时,朱师傅则也许往废品站送废品去了,也许另有一份儿活,去挣另一份儿钱了。

"嫂子"推垃圾车的步态,腾腾有力,显示出一种"小车不倒只管推"的样子。

这一家的每一个成员,似乎总是那么乐观,似乎总是生活得那么亲情融融。

有时我不免奇怪地想——他们的乐观源于什么呢?

当然的,我知道,他们一家人要通过共同的努力,早日积攒下一笔钱,然后回安徽农村去盖房子。

那须是多大数目的一笔钱呢?

三万?还是五万?

他们离这个目标还有多远呢?

似乎,为了达到这个目标,他们再豁上七八年的时间也不足惜。而且，一定要达到，一定能达到。

难道，这便是他们乐观的生活态度的因由吗？

哪一个人没有生活的目标呢？

哪一个家庭没有生活的目标呢？

但是，有多少人，有多少个家庭，身在到处声色犬马灯红酒绿的大都市里，不谤世妒人，不自卑自贱，不自暴自弃，一心确定一个不超出实际的寻常得不能再寻常的生活目标，全家人同舟共济，付出了一个七八年，并准备再付出一个七八年去辛辛苦苦地实现呢？

我清楚，这样的人，这样的人家，在北京也是不少的。

这一种生活态度不是很可敬吗？

自尊，自强，自立——于老百姓而言，不就是得像朱师傅一家一样吗？

十分难得的是，他们还有那么一种仿佛任什么都腐蚀不了的乐观！

这乐观可贵呀！

我常对自己说——朱师傅是我的一面镜子。他这一面镜子，每每照出我这个小说家生活的矫情。

我也常对妻子和儿子说——朱师傅一家是我们一家的镜子。

相比于朱师傅和他的一家,我和我的一家,还有什么理由不乐观地生活?我们对生活所常感到的不满足不如意,不是矫情又是什么呢……

这个女人不寻常

我想,我是无可奈何地爱上了一个叫王葡萄的女人。

她是一个农村寡妇。

她已经36岁的时候,依然具有使大多数男人几乎没法不爱上她的可爱之点。

她是那样一个女人——不管一个男人已经爱过(包括暗恋)多少个女人了,他一旦认识了她,那也还是会立刻喜欢起她来。用歌苓小说中的话说——"接着就开始了"——爱她。而且,无怨无悔。

我的一位作家朋友老朴和我一样自然而然地爱上了王葡萄,如果说我爱她爱得无可奈何,那么老朴爱她简直爱得无可救药。在农村搞"四清"的年代和全国抽"文革"疯的年代,老朴两次成为史屯的新闻人物。第一次是以作家的身份到史屯去体验生活,住在王葡萄家里。他发现了王葡萄的一个重大"罪行"——她居然将她的公公孙怀清隐藏在自家地窖里已经十几年了。孙怀清不仅是王葡萄的公公、将她从小收养了的义父（否则她也许像无家可归的小猫小狗一样死于饥寒交迫之境了，或被迫成为幼娼），还是史屯的头号地主分子。他虽然并没做过什么恶事坏事，但因为是头号地主分子，在当年也难逃被镇压的厄运。他和诸类镇压对象被集体枪毙在河滩上。王葡萄夜晚去收尸，发现他虽中了枪，却一息尚存。

此时的王葡萄该怎么办呢？她已经是一个小寡妇了。她的夫兄亦即孙怀清的另一个儿子因为成了革命军队中人，已坚决地和地主家庭地主父亲划清界限了。事实上，那一年孙家已只剩了王葡萄这一个曾是童养媳的女人了。若连她也不去收尸掩埋，那么孙怀清就只有暴尸滩头了。

王葡萄当时面临三种选择——掉头回家，任由野狗们将一息尚存的孙怀清啃成几根骨头，倒也省却了掩埋那一件怪麻烦的事；或者管他还有一口气没一口气的，只当他已经死得挺挺的了，就地挖个坑一埋拉倒。作为儿媳妇，那也算相当对得起一个被新政府镇压了的、是地主分子的公公了。就剩那么一<u>丝丝</u>气息，不是也和死差不多了吗；再不然，去告诉民兵之类的人，让他们来把是自己公公和义父的孙怀清再彻底地了结。弄成那样了的一个人，委实也费不了别的男人们多大的事了。还不跟弄死一条虫似的？子弹，是绝不消再浪费一颗的了。而且呢，肯定的，小寡妇王葡萄必将受到表扬。某些人是会大为夸奖这一种政治觉悟的……

就没有第四种选择了吗？

仿佛，对于一个明智的人，真的是没有的了。

但王葡萄天生就不是一个明智的人。

用歌苓小说中的话说——她天生是一个"死心眼"的小女子。

她的言行，基本上是由一个"死心眼"的小女子天生的性情所促使的。

她是一个一直到36岁的时候也还是不明白也根本不曾想弄明白"政治"究竟是怎么回事的小女子。

所以，在那些非常清楚"政治"是怎么一档子事的形形色色的男人们的眼里，王葡萄之作为一个女人的绝对的"非政治"人格，反而成了她特别可爱的一点。我们都得承认，不，男人们都知道的，假使一个小女子本身从模样到性情是可爱的，那么再加上头脑简单这一点，则就更可爱了。

死心眼的，头脑简单的，完全没有什么明智尤其是明智的政治思想意识的王葡萄，她当时做出了最不明智的，在我们明智之人看来愚蠢透顶的事——她将她的公公孙怀清偷偷背回到家里，安顿于地窖……

在她看来,孙怀清只不过是一个兴许还有几分救的男人。一个从前无害以后更不可能有害于别的任何人的男人。而且,这个男人曾是包括她在内的一家之长;曾是对她有收养之恩教诲之德的人;曾是她的关于人情事理方面的启蒙老师……

进言之,她认为她只不过是在救一个人。

对于这一个人,见死不救,于情于理,在她那儿都是通不过的。

"在她那儿"又究竟是在哪儿呢?

在一个死心眼的、头脑简单的、不清楚政治之利害的农村小女子的心里。在她的人性之天生的质地里。

小说中的作家老朴,觉察到的正是王葡萄的这一秘密。是的,那只不过是一种觉察,并非发现。然而他试探地一问,她竟实话实说了。朴同志哑下嗓子说:"这事可不得了,你懂不懂?""懂。"她马上回答,抬头看他。他一看就知道她说的"懂"是六七岁孩子的"懂",不能作数。"你告诉我这么大的事,我非得报告上级不可。我不报告,我也死罪。""报告呗,"她把针尖在头发上磨磨,继续手上的针线活,"打着手电去报告,别又踩沟里了。"她下巴指指他的鞋,笑笑。

就像林语堂所说的——她是那种具有天生的感性能力的人,而这一点弥补了她的头脑简单。当朴同志由村里的干部领到她家时,她仅仅跟他说了几句短话,便已断定他是一个好人。一个好男人。于是她愿意在平时给予他一些照顾。看着他连洗一件衣服的样子都是那么笨拙,如同一个从没洗过衣服的大孩子,于是她自然而然地心疼起他来了。这小寡妇的眼,从没将一个男人的好坏看错过。而对于好男人,她每怀有一种天然的母性的心怀。如果他们有和她发生亲密关系的欲念,那她不但是理解他们的,自己也是喜欢的。在饥荒年代里,她将和自己所心疼的男人做爱当成精神上的副食。依她想来——再没有那一份快乐,人生也就太惨了。

她是一个天生的乐观主义者,并本能地用她的乐观影响乐观不起来的人,甚而可以说她还是一个享乐主义者。不管在多么艰难的岁月里,只要有爱,即使厨间绝炊她也还是乐观着。有爱,那就总可以满世界去发现一点儿可以吃的东西。闹蝗灾的年头,她会用心地干炒一锅大蚂蚱,还不忘应该撒入点儿辣椒末儿。吃过那美食以后,倘有男人陪在身边彼此温存,接着做爱,那么她甚至会对人生心怀感恩,咂出几分幸福的滋味……

这么样的一个小女子,男人还有法子不爱她吗?

朴同志朴作家,自然没有向任何方面告发她的罪行。非但没有，回到城市里以后，还在一本书中不吝笔墨写到了王葡萄一章；在他笔下，她是一位社会主义新农村的新妇女——另一个李双双式的女人……

掩卷沉思，作家梁晓声问自己，如果自己是当年那朴同志该怎样？

告发吗？

告发个鬼啊！

那就是"知情不报"，罪当同论呀！

同论就同论呗。

姓朴的作家都能豁得出去，姓梁的作家何以不能？

男人岂可被男人在德性方面比矮了！

但是切莫以为歌苓这一部小说只不过写了一个农村里的风流小寡妇。否。事实上王葡萄这一文学人物与"风流"二字毫不相干。她只不过头脑简单，是以每显出女孩儿般的天真。天真若蒲松龄笔下的那个经典的文学形象"婴宁"。故她的天真，便时常给人，尤其给男人们以"烂漫"的印象。那么，美了。倘若以为歌苓这一部小说只不过写了些农村里的蜂使蝶媒、男欢女爱，就大错特错了。

事实上，歌苓在写到男女情欲之事时，文字极为节制。这也是歌苓小说一贯的品相——她是一位从不以情色描写吸引读者的作家。这也是我一向敬她的原因之一。而且,依我看来,在这一部小说中,她的节制甚至未免到了吝啬的程度。

比如,上句写的是——"她已经在他怀里了。"

下句笔锋一转,竟另起一行写出了五个大煞风景的字是——"这就开始了。"于是,也就结束了。作家的笔又写别的事情去了。细想想,那风景,煞得也极好。"这就开始了"五个字,仅从文化看,无须细述的意思。语境含妙也。令我联想到老伊丽莎白女王的一句话——不高兴的事从不直说,而曰"令人难以愉快"。

这是一部极好看的小说。然而看过的人,大抵是复述不出什么故事来的。这是一部反故事性的小说。这是一部以写人物为创作宗旨的小说。进言之,这一部小说的文学特征乃是——亦庄亦谐生动俏皮的文字;氤氲成片绵绵不断的生活气息;大量的随手拈来落笔成趣的细节……

我认为这一部小说的无法漠视的文学价值乃是——为近二十年的农村小说之人物画廊,增加了王葡萄这一极其可爱的女性形象。而此前,她是绝无仅有的。一经有了这一人物形象,整个人物画廊于是生气盎然。这一部小说具有令人无法不陷入思考的人文主义主题。用王葡萄劝朴同志的话说那就是——"谁斗争你，就让他们斗吧。这世界，人和人，总难免斗来斗去的。斗过去就完了。完了就完了。"死心眼的王葡萄的心眼，却原来大得能装下世界的真相去！……头脑简单的王葡萄，却原来也具有哲学家般的对世事的深刻禅悟。这世上哪里有什么完不了的事？可不，"完了就完了"嘛！此言解大惑也。而最后我要说的是——这一部小说，对于中国人，委实相当于一部人文主义的启示录。

读者，如果你是王葡萄，在从前的、政治罪名满天飞的年代里，你敢将你虽中了镇压的子弹但却没死的家长背回家去，隐藏于地窖十几年不？

敢也还是不敢？人道主义乃人之根本道德。避谈人道主义的"人文"二字还算是什么鸟主义？正是在这个底线上，这个一度在中国曾被彻底摧毁的底线上，小寡妇王葡萄宛如中流砥柱，处乱不惊，担险不休。这个弱小女子之形象，高且大矣！这一部小说，品相令我刮目相看也！真有点儿嫉妒严歌苓了……

小垃圾女

我第一次见到她,是在元月下旬的一个日子,刮着五六级风。家居对面,元大都遗址上的高树矮树,皆低俯着它们光秃秃的树冠,表示对冬季之厉色的臣服。偏偏十点左右,商场来电话,通知安装抽油烟机的师傅往我家出发了……

前一天我就将旧的抽油烟机卸下来丢弃在楼口外了。它已为我家厨房服役十余年,油污得不成样子。我早就对它腻歪透了。一除去它,上下左右的油污彻底暴露,我得赶在安装师傅到来之前刮擦干净。洗涤灵去污粉之类难起作用,我想到了用湿抹布滚沾了沙子去污的办法。我在外边寻找到些沙子用小盆往回端时,见个十一二岁的女孩儿,站在铁栅栏旁。我丢弃的那台脏兮兮的抽油烟机,已被她弄到那儿。并且,一半已从栅栏底下弄到栅栏外;另一半,被突出的部分卡住。

女孩儿正使劲跺踏着。她穿得很单薄,衣服裤子旧而且小。脚上是一双夏天穿的扣襻布鞋,破袜子露脚面。两条齐肩小辫,用不同颜色的头绳扎着。她一看见我,立刻停止跺踏,双手攥一根栅栏,双脚蹬在栅栏的横条上,悠荡着身子,仿佛在那儿玩的样子。那儿少了一根铁栅,传达室的朱师傅用粗铁丝拦了几道。对于那女孩儿来说,钻进钻出仍是很容易的。分明,只要我使她感到害怕,她便会一下子钻出去逃之夭夭。

而我为了不使她感到害怕,主动说:"孩子,你是没法弄走它的呀!"——倘她由于害怕我仓皇钻出时剐破了衣服,甚或剐伤了哪儿,我内心里肯定会觉得不安的。

她却说:"是一个叔叔给我的。"——又开始用她的一只小脚跺踏。

果而有什么"叔叔"给她的话,那么只能是我。我当然没有。

我说:"是吗?"

她说:"真的。"

我说:"你可小心……"

我的话还没说完,她已弯下腰去,一手捂着脚腕了。破裂了的塑料是很锋利的。

我说:"唉,扎着了吧?你倒是要这么脏兮兮的东西干什么呢?"

她说:"卖钱。"其声细小。说罢抬头望我,泪汪汪的。显然疼的。

接着低头看自己捂过脚腕的小手,手掌心上染血了。

我端着半盆沙子,一时因我的明知故问和她小手上的血而待在那儿。

她又说:"我是穷人的女儿。"——其声更细小了。

她的话使我那么的始料不及,我张张嘴,竟不知再说什么好。而商场派来的师傅到了,我只有引领他们回家。他们安装时,我翻出一片创可贴,去给那女孩儿,却见她蹲在那儿哭,脏兮兮的抽油烟机不见了。

我问哪儿去了?

她说被两个蹬板车收破烂儿的大男人抢去了。说他们中一个跳过栅栏,一接一递,没费什么事儿就成他们的了……

我问能卖多少钱?她说十元都不止呢,哭得更伤心了。

我替她用创可贴护上了脚腕的伤口,又问:"谁教你对人说你是穷人的女儿?"

她说:"没人教,我本来就是。"

我不相信没人教她,但也不再问什么。我将她带到家门口,给了她几件不久前清理的旧衣物。

她说:"穷人的女儿谢谢您了叔叔。"

我又始料不及,觉得脸上发烧。我兜里有些零钱,本打算掏出全给了她的。但一只手虽已插入兜里,却没往外掏。那女孩儿的眼,希冀地盯着我那只手和那衣兜。

我说:"不用谢,去吧。"

她单肩背起小布包下楼时,我又说:"过几天再来,我还有些书刊给你。"

听着她的脚步声消失在外边我才抽出手,不知不觉中竟出了一手的汗。我当时真不明白我是怎么了……

事实上我早已察觉到了那女孩儿对我的生活空间的"入侵"。那是一种诡秘的行径。但仅仅诡秘而已,绝不具有任何冒犯的意味,更不具有什么危险的性质。无非是些打算送给朱师傅去卖,暂且放在门外过道的旧物,每每再一出门就不翼而飞了。左邻右舍都曾说撞见过一个小小年纪的"女贼"在偷东西。我想,便是那"穷人的女儿"无疑了……四五天后的一个早晨我去散步,刚出楼口又一眼看见了她。仍在第一次见到她的地方,她仍然悠荡着身子在玩儿似的。她也同时看见了我,语调亲昵地叫了声叔叔。而我,若未见她,已将她这一个穷人的女儿忘了。

我驻足问:"你怎么又来了?"

她说:"我在等您呀叔叔。——语调中掺入了怯怯的、自感卑贱似的成分。

我说:"等我? 等我干什么?"

她说:"您不是答应再给我些您家不要的东西吗?"

我这才想起对她的许诺,搪塞地说:"挺多呢,你也拎不动啊!"

"喏"——她朝一旁翘了翘下巴,一个小车就在她脚旁。说那是"车",很牵强,只不过是一块带轮子的车底板。显然也是别人家扔的,被她捡了。

我问她脚好了吗?

她说还贴着创可贴呢,但已经不怎么疼了。之后,一双大眼瞪着我又强调地说:"我都等了您几个早晨了。"

我说:"女孩儿,你得知道,我家要处理的东西,一向都是给传达室朱师傅的。已经给了几年了。"——我的言下之意是,不能由于你改变了啊!

她那双大眼睛微微一眯,凝视我片刻说:"他家里有个十八九岁的残疾女儿,你喜欢她是不是?"

我不禁笑着点了一下头。

"那,一次给她家,一次给我,行不?"——她专执一念地对我进行说服。

我又笑了。我说:"前几天刚给过你一次,再有不是该给她家了吗?"

她眨眨眼说:"那,你已经给她家几年了。也多轮我几次吧!"

我又想笑,却怎么也笑不起来了。心里一时的很觉酸楚,替眼前花蕾之龄的女孩儿,也替她那张能说会道的小嘴儿。

我终不忍令她太过失望,二次使她满足……

我第三次见到那女孩儿,日子已快临近春节了。

我开口便道:"这次可没什么东西打发你了。"

女孩儿说:"我不是来要东西的。"——她说从我给她的旧书刊中发现了一个信封,怕我找不到着急,所以接连两三天带在身上,要当面交我。那信封封着口,无字。我撕开一看,是稿费单及税单而已。

她问:"很重要吧?"

我说:"是的,很重要,谢谢你。"

她笑了:"咱俩之间还谢什么。"

她那窃喜的模样,如同受到了庄严的表彰。而我却看出了破——封口处,留下了两个小小的脏手印儿。夹在书刊里寄给我的单据,从来是不封信封口的。

好一个狡黠的"穷人的女儿"啊!她对我动的小心眼令我心疼她。"看——"她将一只脚伸过栅栏,我发现她脚上已穿着双新的棉鞋了,摊儿上卖的那一种。并且,她一偏她的头,故意让我瞧见她的两只小辫已扎着红绫了。

我说:"你今天真漂亮。"

她悠荡着身子说:"我妈妈决定,今年春节我们不回老家了。"

"爸爸是干什么的?"

她略一愣,遂低下了头。

我正后悔自己不该问,她抬起头说:"叔叔,初一早晨我会给您拜年。"

我说不必。

她说一定。

我说我也许会睡懒觉。

她说那她就等。说您不会初一整天不出家门的呀。说她连拜年的话都想好了:"叔叔马年吉祥,恭喜发财!"

"叔叔我一定来给你拜年!"

说完,猛转身一蹦一跳地跑了。两只小辫上扎的绫,像两只蝴蝶在她左右肩翻飞……

初一我起得很早。倒并不是因为和那"穷人的女儿"有个比较郑重的约会,而是由于三十儿夜晚看一本书看得失眠了。我是个越失眠反而越早起的人。却也不能说与那个比较郑重的约会毫无关系。其实我挺希望初一一大早走出家门,一眼看见一个一身簇新、手儿脸儿洗得干干净净、两条齐肩小辫扎得精精神神的小姑娘快活地大声给我拜年:"叔叔马年吉祥,恭喜发财!"——尽管我不相信那真能给我带来什么财运……

一上午,我多次伫立窗口朝下望,却始终不见那"穷人的女儿"的小身影。

下午也是。到今天为止,我再没见过她。

却时而想到她。

每一想到,便不由得在内心默默祈祷:小姑娘,马年吉祥,恭喜发财!……

/戴橘色套袖的人/

是的,他当然属于"环卫工人"中的一员。

但他又肯定的没有北京户口。肯定的不属于工薪阶层。肯定的,在北京并没有家。在其他城市想必也没有家。分明的,他是一个中年农民。他从哪儿来呢?

他在农村的那个家,生活状况如何呢?显然是很贫穷的,可究竟会贫穷到什么程度呢?他在北京栖身于一处什么样的地方呢?他的工作能使他每月挣多少钱呢?

这些,在他活着的时候,都是我所不知道的。

我是隔着我家北屋的窗子"认识"他的。那窗对着元大都古城垣的墟址。十几米宽的小街,每日上午七点至九点是早市。公休日延至十点半。自从有了早市,古城垣那道风景便受着严重的"白色污染"了。肮脏的塑料袋儿触目皆是。一入冬季,挂满光秃秃的树枝,仿佛挂着一片片肮脏的棉团。而自从有了他,那个戴橘色套袖的人,风景才又是风景了。

我第一次隔窗望见他时,他正一动不动地蜷缩在土岗的凹处。那一天很冷。北风在小街上空呼啸。摆摊儿的小贩不多,逛早市的人也不多。两种人都穿得很厚。他却穿得挺单薄。蜷缩在那儿,怀搂着塞垃圾的麻袋,像搂着一个孩子,袖着双手。

妻说:"外边太冷了。昨晚天气预报今天零下八九度呢!我不出去买早点了,把米饭热成粥,对付吃点儿算了。"

见我没话,又说:"一早晨你站在窗前发的什么呆呀?"

我将妻招到身旁,指着说:"你看,那人是不是已经冻死了啊?"

忽然又一阵风啸过,几只肮脏的塑料袋儿被旋上了天空。那看去似乎已经冻死了的人活了,站了起来,仰起头望那几只在空中飘飞的塑料袋儿。风一停,塑料袋儿一落地,他便追逐了过去。他用一根一米多长的、一端尖锐的竹竿,一一插住那些肮脏的塑料袋儿,捋进麻袋里去。有几只塑料袋儿挂在很高的树枝上。他就举着竹竿,蹦起来钩。那样也没能钩下来。但他并不离去。仰望着在树下想主意。仿佛是一头企图吃到嫩叶的瘦羊。后来他登上了土岗,凭借着土岗的高度飞身一跃,凌空之际同时举着手中的竹竿。他钩下了一只塑料袋儿,自己重重地摔在地上。他连摔了几次,挂在树上的塑料袋儿全钩下来了……

我望着,心想,这人太认真了啊!进而又想,也许他只有靠他这股认真劲儿,才能较长久地保住他这份儿"职业"吧?

他很敬业地做完他该做的事儿,就又蜷缩到那凹处去了……

以后,我在写作中驻笔凝思时,常不禁地隔窗望他。有时他蜷缩在那凹处晒太阳,有时不在那儿。不在时,肯定是满公园转着清除污染去了……

有一天我隔窗见他用一柄小铲子铲那凹处,直至将那凹处铲出椅背和椅座的形状……

有一天我见他捡了个纸板箱,拆开来,垫他的"椅座",挡他的"椅背"。他坐下去试了试,似乎觉得很舒服、很满意……

有一天更冷,我见他在他的"专座"前燃了一小堆火,蹲在那儿取暖。火熄了,又在炭热中抓抓拉拉地烤红薯和鸡蛋。红薯和鸡蛋都是他捡的。小贩们常将烂了一半儿的红薯或破了壳卖不出去的鸡蛋挑出来扔到土岗上。我望见他捡过……

有一天我见几个小伙子在土岗上溜达。他们在他的"专座"那儿站住,议论些什么,接着便一齐往他的

"专座"上撒尿。他们嘻嘻哈哈地离去后,他走来了。我见他伫立在他的"专座"前发呆。片刻,他捡起那些纸板,折了几折,塞进了麻袋。

那一天他铲毁他经常晒太阳的"专座"……

第二天我见在那儿的一棵大树的树干上,钉了一块纸板。纸板上歪歪扭扭地写着几个醒目的粉笔字是——"比处今只大小便!"总共七个字中错了三个字,招惹得一些逛早市的人指指点点地笑……

那一天他在我隔窗所望的视域内消失了。

那一天妻下班后,翻出了一些旧衣服,说单位又号召职工捐献了。我让她留下一件我曾穿过的棉大衣,打算送给那戴橘色套袖的人……

我没能将那件旧棉大衣送给他。因为一个同样是农村来的小伙子顶替了他。

我问小伙子他哪儿去了?

小伙子说他死了。

"怎么……怎么就会死了呢?……"

"他得癌症好多年了。他能活到前几天,全靠心中有个愿望撑着啊!……"

"什么……愿望?……"

"还能是什么愿望?想多带回家点儿钱,盖房子,和供他小女儿上中学呗!……"

"他……一个月挣多少钱?"

"每天十元钱。少干一天,少挣一天的钱。我也是。省着吃,每月也只不过能剩一百多。和如今城市里下岗的工人一比,我们这些农村来的人,也就知足了。"

"你们,白天在这儿没有休息的地方?""想在哪儿歇会儿,就往哪儿一坐一缩呗!"

"你这套袖,是他戴过的?"小伙子默默地点了点头。我将我那件旧棉大衣给了小伙子。

那一天,《中华读书报》的女编辑杨颖来向我约稿,不知怎么,我们谈到了"精神家园"这个话题。

我说:"现在,中国的文化人们,总在那儿喋喋不休地大谈什么'精神家园',而我,只要一从报刊上看到这四个字,非但不觉得温馨,反而如酷暑之季中暑,感到周身发冷。"

她说:"你为什么会这样呢?那难道不是很时髦的话语吗?"

我说:"是的,很时髦。时髦的话语,总是难免使人听出矫情的意味儿的。如果'精神家园'只不过就是文人的大小书斋,'精神追求'只不过就是读经、读史、读哲、读诸子、读圣贤,吟诗自悦,行文自赏,自我尊崇,那么其实没谁进入文人的'精神家园',作奋勇抵抗之状是可笑的。起码没人敢闯入文人的书斋,往文人的椅子上撒尿。如果'精神家园'非指文人的大小书斋，'精神追求'非指对安逸的书斋生活的过分向往和沉迷，'精神支柱'也非是'万般皆下品，唯有读书高'的意思，那么我想，许多根本不读文人爱读的那类书的人，其实也是有他们的'精神家园'、'精神追求'和'精神支柱'的。否则他们觉得没法儿活下去的苦闷，我想一定是远甚于文人们的。只不过他们天生不像文人们那么喜欢自我标榜地喋喋不休罢了。而还存在着不少这样的人——他们连起码的物质的家园也谈不上有。他们明白读书是很好的事，但他们忧愁的是自己的儿女根本上不起学。一个患了癌症的人不得不背井离乡，只为每个月挣很少的一点儿钱寄回家乡盖房子供女儿上学，这不靠一种'精神支柱'撑持着行吗？你能说他们的所求不是追求吗？你能彻底分得清他们那一种追求究竟是精神的还是物质的吗？文人有资格在内心里暗自轻蔑和嘲笑他们的追求不如自己的追求高雅吗？所以，据我想来，文人尽可以恪守自己喜欢的生活方式，但若太过分地自我赞美了，则就不但矫情，而且有些讨嫌了。归根结底，文人的'家园'，也首先是物质组合的。其次才是精神质量的。这精神质量建筑在文人的'家园'的物质基础之上。这是文人心里比任何非文人的人都更清楚的。所以，我们文人别让非文人的人讨嫌。所以,我从不就文人的'精神家园'四个字写什么,实在是不愿置自己于被讨嫌的境地。"

杨颍困惑地看着我,不知我为何大发不合时宜之议论。于是我引她至我家北屋窗前,指着元大都城垣的墟址上那曾被铲出椅状的凹处,向她讲那个我再也望不见了的、戴橘色套袖的人,敬"业"敬职地还那道风景以清洁的人……

同时我——文人和文人的物质的以及精神的家园,与同他人的生活现状、他人的命运、他人的苦闷忧愁、他人对物质的以及精神的家园的向往与追求被隔开,其实是多么简单的事啊!

简单得只消一扇单窗就够了。

这不知是文人的幸运,还是文人的不幸……

/演员与看客/

此刻,他出现在舞台右侧,坐高脚凳上,酒吧里常见的那种。高脚凳在前一名演员的表演中当成过道具。他一足踏地,一足踏凳撑上,特悠闲的样子,微眯双眼,漠漠然地望着台下的看客,如同厌倦的牧羊人漠漠然地望着羊群。牧羊人对羊群大抵持两种态度——倘是自己的,望着时目光往往是欣慰的,甚或是喜悦的;若只不过是替雇主在放牧,通常便是漠漠然的。

我觉得,对于他,台下包括我在内的看客,似乎只不过是二百几十只品种特殊的羊而已,不值得多么尊重的,正如看客们也不可能多么尊重他。而此点,乃是这一处也叫作剧场的地方,与其他剧场里的情形完全不同的方面。显然的,他对此点心知肚明并习以为常,处之泰然。

这是台上台下互无敬意的一个所在。一个心照不宣的营造低俗乐子的空间。台上的靠表演,台下的靠掌声。某些人观看低俗的渴望，能在这里获得较大的满足。某些一向因太过正经而疲劳了的人，在这里完全可以显现其实并不怎么正经的原形。在这里，台上的表演者拿台下的看客搞笑一通是家常便饭，台下的男性看客用语言挑逗台上的女表演者亦在允许范围。

羊群的常态是安静的，但台下的看客时而嗷嗷乱叫，时而将手中的"掌拍"弄出大的响声。"现代"无孔不入，现代人连拍手也懒得拍了，于是商家发明了观赏演出时用的那种手形的塑料东西，免费提供，体现着人性化的周到。那东西该怎么确切地称呼呢？我竟不知。也许可叫"义手"的吧？既然假肢的另一种叫法是"义肢"，那东西为什么不可以叫"义手"呢？如此说来，不用"义手"鼓掌，确实意味着是"亲自鼓掌"了吧？

对于他，以及所有在这一空间进行表演的艺人，我本是不打算称为演员的。但若叫艺人，依我看来，又都没什么艺可言，那就还是称他们为演员吧。毕竟他们皆在使出浑身解数，不遗余力地简直也可以说是亢奋地鞠躬尽瘁般地进行着表演。他们的表演状态毫无疑问地体现着一种敬业精神。尽管场地有天壤之别，舞台有天壤之别，表演品质有天壤之别，但是论到敬业精神，我这一个看客不得不发乎真心地承认，他们与某些明星们、大腕们乃至大师们是不分高低的。这一点当时深深地感动了我。

该剧场是很封闭的空间,处处旧陋,近于破败:在一条老街上,门面算是那条街上有特点的,乍看像老北京的牌楼,却是水泥的,灰色的。一灰到底,除了红色匾字,再无别色。即使红色的匾字,也早已褪尽了鲜艳,看去泛着隐黑了。简陋的座椅,简陋的舞台。紫色幕布相当旧了,在舞台的顶灯光下,浮尘可见。而舞台的木质边沿,这儿那儿油漆剥落了。舞台左边是厕所,右边是安全出口。厕所也罢,安全出口也罢,门楣皆低,门框皆窄,地势明显下陷。所谓剧场,空气凝滞,似乎没有通风系统,整体给我以处处不洁的印象。

在如此这般的场所,如此这般的舞台上,一些是所谓"二人转"演员的人,极投入地、极敬业地各自表演低俗甚至下流的节目,给二百几十位形形色色身份混杂的男女看。

我在着实被感动了的同时,也着实地心生出了一种难以名状的忧伤。简直不能不被感动。

也简直不能不忧伤。

那名坐在舞台右侧的演员,他大约有三十二三岁,一米七五或七六的身高,国字脸,五官端正,眉清目朗，宽肩，细腰。对于男子而言，称得上一表人才了。舞台上灯光明亮，我坐第二排，对他的一举一动，乃至他表情的细微变化，看得清清楚楚。他已换了一件短袖的白衬衫，浅蓝色西服裤，衬衫下襟扎在裤腰里。衣裤合体，使他看去很精神。他脚上那双皮鞋分明还新着，似乎是名牌。他稳重地坐在那儿，姿势未曾怎么改变过，脸上的表情也没什么变化，闲定平静，仿佛足以做到泰山崩于前而不色变，猛虎啸于后而不心惊。目光也仍那么的漠然。这与他方才生猛异常，亢奋且厚颜无耻地表演着的那个自己截然相反，判若两人。这会儿的他，如同一位资深的铁匠、木匠、石匠，或面包师傅、裁缝师傅、园林修剪师傅，忙碌劳累了一大通之后，终于可以歇会儿了，于是坐下呆望街景。那时，寒碜的舞台似乎便是他的铺子，而台口是他的铺子门口，或公园里的一处亭子；台下的看客们，则如同集体歇脚的行人、商贩。方才是他在台上表演，众人看他。现在他也可以闲定又漠然地看众人了，虽然众人并不表演，但他却如同偏能不动声色地看出什么微相表演来，目光中投出研究的意味，觉得挺耐看似的。

在他之前，舞台右侧已坐着两个人了，一个是司鼓者，一个是操控电子音响的。司鼓者40余岁，肤黑且瘦,穿一套20世纪80年代的蓝制服,上衣有两个外兜,叫"中山装"的那一种,也是毛泽东特别喜欢穿的那一种。事实上不仅毛泽东喜欢穿,大多数老一代无产阶级革命家几乎都喜欢穿。不晓得司鼓者为什么也穿那么一套衣服,是为了勾起看客们的怀旧心理吗?也许吧。而操控电子音响的青年刚20岁出头。以我的眼看来,他和司鼓者容貌有相似之处,说不定是父子,或者叔侄。三十几岁的那名演员坐在青年旁边。青年面向舞台左侧,而他面向台下。他并不与青年说话,仿佛身旁无人。我不知他为什么演完了节目却还要坐在台上那么显眼的地方,但是猜测到一会儿台上准还有需要他的时候,我得承认,他出现在那儿引起了我强烈的好奇心。

我对新中国成立前东北"二人转"艺人们的演艺人生一直颇感兴趣,写一部那样的长篇小说也一直是我的打算。春季我回哈尔滨,请朋友带我看一场当下的"二人转",为的是补充一些感性的印象。身为东北人,我此前还从没看过在舞台上表演的传统"二人转"。

朋友说:传统的吗?那早过气了,现而今哪儿还有人那么演?有人那么演也没人稀罕看啊!现代人嘛,想看也要看现代的"二人转"!

我问怎么个现代法呢?

他说他也没看过,只听说特'另类"。

于是,在他的陪同下,我俩坐在了这么一处地方。他说他打听了,这里每晚上演的"二人转"比一般性的"另类"更"另类"。

第一位上场的是小伙子,二十五六岁,挺帅气。嗓音颇高,唱了几句歌,"小沈阳"飙高音的那种唱法,以证明嗓音所能达到的高度,分明还自认为在此点上并不逊于"小沈阳"。他飙唱时获得了一阵"义手"的掌声。掌声中他明智地收了高音,不再唱下去。飙唱几句高音歌词是一回事,气量充沛饱满地唱完一首高音歌曲完全是另一回事,所以我认为他收声收得明智。接着,他开始说了。上海的周立波自诩说的是"清口",他说的却几乎是成段成段的"荤口"。看着听着形象那么帅气那么阳光的青年不住嘴地说出一句比一句"荤"的"荤口",如同看着听着一个长着可爱的模样像是极有教养的孩子一句句说脏话,给人以愕然不已的印象,令我大不适应。我想我背后的一排排看客也未必就多么适应,因为并无掌声,亦无喝彩。甚至,也没人起哄。

我入场时留意地扫视过,看客们的年龄多在30至50岁之间,十之八九是男人,极少数女人觉察出我的扫视,一个个颇不自在,或低下头去,或侧转了脸。而我,在那天晚上,是年龄最大的一个看客。坐在第二排的票价是八十元。朋友悄悄告诉我，第一排的票价一百元，他居然没买到。而坐在第一排的，多是有本地人相陪的外地看客。和我一样，好奇心使他们到这种地方来的。我在北京就已经听说时下的"二人转"挺火，那时我明白了，心照不宣地坐在这一处猥亵场所的看客，对"黄"和"荤"的好奇心，比满足欣赏的欲念要强烈得多。然而来是来了，坐是稳坐下去了，但一听到下流"段子"就大鼓其掌或冲口喝彩，毕竟不太好意思，忌讳着原形毕露之嫌。纵然正中下怀，大觉过瘾，也还是放不太开的。由是，我认为台上台下之间的一种误会，那时不可避免地产生了。我看出小伙子迷惘了，困惑了。甚至，有几分惝惶了。他大概是刚出道的新手，没怎么经历过台下看客们那种矜持的沉默，沉默的矜持。怎么都不呼应啊，这是些什么来路的观众啊？怎么全都跟冷面大爷似的呢？出于对演员的同情心也该多少给点儿掌声啊！花钱不就是专冲着听这个来的吗？爷们儿想听的我说了呀！还要多"黄"多"荤"才合你们的胃口呢？

显然的小伙子想不明白了，暗自焦急了。于是他又讲了一段更"荤"的"段子"。看客们依然暧昧地沉默。

"拿酒来！"——他以好汉临刑般的悲壮气概吼了一嗓子，也坐在第一排的一位白衣白裙的姑娘应声而起，将五瓶啤酒一瓶接一瓶摆在了舞台上。我落座之前注意到了她，她面前的桌上放着十几瓶啤酒，还有爆米花。谁家的姑娘竟到这里来，而且花一百元买一排的票！难道她要一边看一边喝光那十几瓶啤酒吗？那不是将上吉尼斯纪录了吗？莫非舞台上将出现她所倾慕的白马王子？当时她也令我大生疑惑，并生腹诽。倾慕尽管倾慕，献花也可，犯不着边看边酗酒啊！又没人相陪，倘烂醉如泥，那会是多么丢人现眼的结果呢？她总不至于是酗而不醉的酒神之化身吧。及至她起身往台上摆酒，我才恍然大悟——原来是演出团队之一员，专为伺酒坐在那儿的。

　　小伙子牙口有力，咬掉瓶盖，高仰起头，众目睽睽之下一饮而尽。他将空瓶往舞台左侧一扔，倏转身，开始用语言作践起肯定与他父亲同辈的司鼓者来。无非还是"荤"、"黄"的"段子"，连司鼓者的父亲也一并捎带着作践了一通。之后又喝光了一瓶啤酒，转而作践操控音响的青年，同样连对方的父亲的人格尊严也不放过。而那两位，默默听着罢了，只不过偶尔面呈怒色，算是一种配合性的表情反应。事实上，音响并没怎么用，鼓也没敲过几下。也显然的，他俩坐在那儿，分明是专供被作践的，那大约才是他们的"角色定位"。至于音响设备和鼓，作用倒在其次了。那种语言作践,倘非是在舞台上,而是在日常情况之下,往往一两句就会导致恼羞成怒、大打出手的……

操控音响的青年脸上那股子浑不在乎听之任之的表情越来越挂不住了,他嘟哝了一句。后排肯定是听不到的,但坐在第二排的我听得真切。他是这么骂了一句:"你他妈嘴上搂着点儿啊!"

一味以作践他为能事的小伙子一愣,随即大声训斥:"怎么,受不了啦? 受不了也得受! 这是咱们这一行的规矩你不懂? 入了这一行,那就得习惯了受着! 台下的三老四少,人家花钱来听的就是这种段子!"

他的话说得真中有假,假中有真,真假参半。

我听得心上顿时一疼。

我也是"三老四少"之一,不由得感觉罪过起来。

他灌下了第三瓶啤酒,突然往台口一跪,像信徒祈祷般举起双手,大声乞求:"老少爷们儿行行好,多少给点儿掌声吧! 怎么要你们点儿掌声就那么难啊? 老板雇人监视着台上呢,掌声多少决定分我多少钱啊! 一点儿掌声没有,我明天晚上没脸还来这儿了,后天不知道去哪儿挣钱解决吃住问题了……"

是表演风格? 还是真情告白?

我竟难以判断了。

"好!"

后排响起一嗓子瓮声瓮气的喝彩。

这怎么就好呢？好在哪儿呢？

我不解，却没回头看，径自困惑罢了。

然而，终究是起了掌声。不怎么齐，也不多，但总归有了。"义手"拍出的那种掌声。

小伙子获得激励，一跃而起，又大声说："感谢爷们儿，太难得啦，太难得了！冲刚才的掌声，现在我要拿出看家本领……"

他灌下去了第四瓶啤酒。

他腾空翻了两个筋斗，一个大劈叉，双腿笔直地叉开在台上。

"好！"

台下齐发一阵喝彩。

我也赶紧举起"义手"弄出疑似的掌声，放下"手"时，顿觉罪过感被自己作为看客的热情抵消了些。

小伙子脸上呈现大为满足的表情了。他站到了一把椅子上，将一条腿扳起，呈金鸡独立的姿势，随即身体一倒，一足椅上，一足着地，来了一次悬空大劈叉！

"好！"

许多嗓子齐声喝彩。

响起一片疑似的"掌声"。

他一口气喝光最后一瓶酒,又站在一张桌子上,重复了一次刚才的动作。那自然是极危险的动作,倒也算不上有什么高难的含量,但确乎的极危险。若有闪失,轻则伤筋,重则必定当场断骨。

小伙子脸已通红,并且淌下汗来。最终,他带着颇有征服成就感的表情,在掌声中跑下台去。他在台上坚持了半小时左右的表演,跪了三次,一饮而尽地接连喝光了五瓶啤酒,打出了六七个响亮的酒嗝……

朋友小声对我说,他们每人都有"看家本领",或曰"绝活儿"。而所谓"绝活儿",一律在最后时段才奉献的,为的是能在掌声中结束。

我问:为什么还喝酒呢?

朋友说,为了忘却羞耻感啊!如果艺技有限,那么只能靠"荤"的"黄"的"段子"撑台。他们都那么年轻,在台上一味儿当众说那些,你以为他们就完全没有羞耻感吗?有的!怎么办呢?开始时说"黄"的,"黄"的越来越冷场,那就只能来"荤"的了。而几瓶啤酒灌下去,多"荤"的"段子"说起来,也只不过像是在自言自语地说着些无意识的醉话了,没想到吧……

我说:没想到……

又觉心上一疼。

坐在舞台右侧那个三十二三岁的人，他是第二个登台的演员。他化了妆，涂了白鼻梁，双唇正中抹得血红，戴蓝帽子，上穿白色无领半袖背心，下穿肥腰肥腿的蓝色吊带工作裤，有前胸兜兜的那一种。20世纪80年代以前的机床车间里，男女工人大抵穿那种工作裤，现而今早已归于"戏装"了。那一套穿戴，肯定是他每次登台演出的行头无疑。他是企图在形象上唤起人们对卓别林的亲切记忆，也唤起人们对早年中国工人阶级的良好情愫。但是呢，又不愿太像卓别林，还要体现出点儿"中国特色"，看去便不伦不类。但不伦不类也许正是他的追求、他的创意、他的"专利"，更是他所依赖的形象看点。

这人对自己的舞台造型是颇动了一番心思的。我一这么想，不得不承认，他是多么地敬业啊！

此时的我已不记得他表演了些什么了。只记得他一上台就说，说来说去都是"荤口"，比"黄色"更"黄"的，赤裸裸的与性事有关的"段子"。自然，他也一瓶接一瓶地灌啤酒。我知道，在东北，那么一种喝法叫"吹喇叭"，酒桌上每简言之为"吹一个"。

他也作践那司鼓的和操弄音响的。

因为他说的是比"黄色"更黄的"荤口"，所以那司鼓的和操弄音响的，表现出了更加巨大的涵养。

我对他们二位那一种涵养不禁肃然起敬。

我小声说:他们二位也很敬业。

朋友说:当然。

我说:他们那么大的涵养我做不到。

朋友说:他们靠这一行生存,解决吃住的现实问题,成家了的也靠这一行养家糊口。你从未面临如此现实的问题,当然做不到。

我倒羞耻了。因为自己的话,更因为朋友的话。

我这一个看客,坐在第二排的看客,心情不由得不忧伤。

我说:那,咱们走吧?

朋友说:你给我老老实实地坐着看,该鼓掌就鼓掌。这是另类人生,你要多接地气!

是的,我真的已不记得他究竟表演了些什么。

"二人转"变成了当下这样,是我不身临其境怎么也想不到的。

但是台上那位说的几句话给我留下了深刻印象。

他说:"我才不像刚才那位跪着要掌声!干吗那么下贱?爷始终站着也要让你们鼓掌!"

果然起了掌声。

他傲然地又说:"听,要到了吧?"

那是小丑扮相的一个人的傲然,一位敬业的低俗

"节目"表演者的傲然。正因为是那样，他的话让我挺震撼。

"你们花钱不就是来寻开心的吗？平均下来一张票才二三十元，看高雅的能这个价吗？我在台上逗呗，疯呗，胡闹呗，哄你们开心不就对得起你们那二三十元了嘛！我们是什么人？演员？甭抬举我们了！我们都是在台上耍狗蹦子呢！但看我们耍狗蹦子那也不能白看呀！谁都得挣钱过生活是不是？就算助人为乐你们也得给点儿掌声吧……"

于是掌声又起。

在掌声中，我的心疼。

他居然把话说得那么实在。仅仅那么几句实在话，居然还获得了掌声，更是出我预料。

难道对于看客们，几句实在话是具有艺术欣赏性的吗？

我迷惘了，就像第一个登台表演的小伙子遭遇冷场时也迷惘了。

他醉意醺醺地学"小沈阳"出场时的步态，走一步说一句："十万、二十万、三十万……大家好，哼嗯……讨厌……"

学得惟妙惟肖，神形兼备。

于是引发了笑声。

他重走一遍,边说:"我们这样的呢,十元、二十元、三十元……六十元!没往死了挣你们的呀!"

便又引发了笑声。

我想那时,可能不少人心上都疼了一下。也许,只生出快意,并不疼的。

我问朋友:他们每场只挣六十元吗?

朋友说:那肯定不止。看起来他出道时间不短了,每场怎么也挣二三百块吧……

我替他感到了大的慰藉,心情却还是没法不忧郁。

文艺在这个空间里变质了,表演在这个空间里意味着下流。然而,同时却也体现着敬业精神。而此点,正是使人连厌恶都于心不忍的一点。人头脑中的理性在这种地方发生扭曲了,如同巧克力、糖浆和臭酱搅在一起了。

我不记得他是怎样离开舞台的了,似乎是被他的一位女搭档拖下台去的。也似乎,他真的有几分醉了。

真的吗?

我不能肯定。

或许,那醉态只不过是表演。

他的女搭档,却堪称一位美丽的女郎。高挑的个子,亭亭玉立,穿得相当暴露,灯光之下皮肤白皙得发亮。东北三省,即使在农村,也往往会生出那类美人。正如时下人们惯说的,"一不小心",不知哪家就出现了一个。她们的美丽,一点儿也不逊于某些女明星或名模。然而,她们的命运,则往往另当别论了。

朋友认为他和她是夫妻。

这使我又不由得替他感到幸运、幸福……

现在,他显出了他性情的本真——一个天生喜欢安静的、内向的、沉默寡言的男人。甚至,竟还是一个彬彬有礼的人。

我以小说家观察人的经验看出了这一点。

我想,如果我们在社交场合面对他那样一个人,他会给我们以极绅士的印象。如果我们给他名片,他会是那种用双手来接的男人。如果不主动给,他会是那种绝不至于主动开口要的男人,不管我们是谁。

他的舞台经历,似乎已使他将人世及人性的真相参透。即使不是完全参透了,肯定也参得半透了。

他安安静静、稳稳重重地坐在那儿,漠然地望着台下的看客。漠然而却又具有研究的意味,似乎在望着低于人的一群动物。

是的,确实那样——我觉得他望着台下包括我在内的那个看客,真的像是在望着二百几十只疑似人的猴子。如许多疑是人的猴子精神饥渴地希望台上的表演者喂给东西。笑声也罢,掌声也罢,都体现着精神之口一口接住囫囵吞下的快感。他刚才是"喂"过我们了,他的任务已完成了,可以坐于一侧歇会儿,看别人接着怎么"喂"我们,以及我们接着呈现的种种"吃"相了。

刚才是别人花了钱在看他。

现在是他不花钱在看别人。看得饶有兴趣似的,漠然且有耐性。

他发现了我在观察他,微微眯了一下眼睛,也定定地看了我几秒钟。之后,目光滑转,望向别人了。那时他仿佛是一只猫,显示出猫的宠辱不惊、淡定自若。

那会儿在台上表演着的是一个瘦高青年。也照例唱了几句歌,飙出几声高音,之后便说出"段子"来。他的"绝活儿"是坐于地,将双腿扳起,置于肩上,像只大蛙般地在台上蹦了一圈儿……

又上台的也是个瘦高青年,其"绝活儿"难得一见——他掏出一只橡胶手套,使劲撑开后套在头上。手套五指竖立着了,像白色的冠。却没将嘴也套入进去,嘴在外边,大口吸气,鼻孔出气。一吸一出,手套渐渐被气充大、胀薄。大如轮时,薄至透明,可见其内面目。表演者似乎已气力不济,仰倒台上,磨转翻滚,似受苦刑,状态可怜。有几秒钟,竟一动不动。

坐在舞台右侧那个人站了起来,面有不安,欲上前去。

鸦雀无声的看客间一阵骚动,我的左右也有人站了起来,踮足引颈向台上呆望。

猝然一声爆响,碎片四飞,有一片落于台下,表演者同时一跃而起。

"好!"

一声喝彩,喊出特江湖的意味,听来很古代。

于是一阵"义手"拍出掌声。

掌声中,我的观察对象退回原处,重新坐下。那时我见他微微摇一下头,面呈一丝苦笑。

他的举动,增加了我对他的好感。他的苦笑,在我看来挺沧桑。

依次上台的是一对搭档。女子矮胖,扎羊角冲天辫儿,穿花衣裤,擦红了脸蛋,一副阿福的模样。而男青年则穿唐装,戴瓜皮帽,分明亦属不伦不类,使人顿生"秦时明月汉时关"的时光倒错之感。

那会儿我在想着一些事了,没注意他俩在表演什么。我首先想到,看来自己打算创作的电视剧,是没必要动笔了。因为诚如朋友所言,那种边转边唱边舞彩帕的传统"二人转",现今的人们有几个还喜欢看呢?并且也必然塑造不出女主人公表演时那种大俗成绝的泼辣劲儿了呀!我笔下再自由,也总不能将"黄"

的"荤"的一股脑儿往剧本里塞呀!与台上那些表演相比,传统"二人转"的"俗"岂不是简直太"文"了吗?便一时郁闷了。

又联想到了《巴黎圣母院》——舞台上的表演,也许与雨果笔下巴黎愚人节草根社区的狂欢胡闹差不多吧?在雨果笔下,美丽的风情万种的艾丝美塔拉的舞蹈,以及伴她左右的那只具有灵性的白色小山羊,毕竟还是放浪形骸的胡闹氛围中的美艺奉献。尽管充满诱惑,却连那诱惑也是美的。可在这儿,舞台上表演的尽是些什么乱七八糟的内容呢?连点儿诱惑之美也没有呀!

还联想到了莫扎特。在他成为宫廷乐师后,每乔装了溜到草根社区去,混迹于下等酒吧,与民间艺人和妓女们纵情声色。但即使在那种地方,也还是能听到美的歌,赏到美的舞,看到不失水准的魔术和杂耍。往往,还有民间诗人激情澎湃或一吟三叹地朗读他们的诗——起码,我所读过的一些书籍是那么告诉我的。

可这个舞台上,却只有恶搞和胡闹而已。

然而,每一位表演者都是在多么敬业地恶搞,多么敬业地胡闹啊!仅有少数内容,还勉强算得上是节目。偏偏又是那勉强算得上是节目的表演,却又难以获得掌声与喝彩。

在这个空间,所谓"文艺",有着另外的标准。一种越庸俗堕落越厚颜无耻越好似的标准。

这儿的舞台,更像是生存场。

每一位表演者,或许都有类似祥子和小福子的命境以及梦想。他们的人生况味,非是台下的看客们所知晓的。他们的苦辣酸甜,肯定最不愿道给看客们听的。他们需要看客,然而依我想来,未必就不鄙视和嫌恶着看客。如果他们的入行、出道只不过是权衡下的沦落,那么几乎可以说是形形色色的看客迫使他们堕落的——我猜,他们下台之后,也许都会这么想。

这里的舞台如《生死场》。

不知怎么一来,台上的"阿福",在用鞋底儿一记接一记扇着"来喜"的耳光了,边扇边呵斥:"会不会说话啊?!"

"来喜"诺诺连声,解释了一句什么,结果又是"阿福"不爱听的话,颊就又挨了一鞋底儿。

"好!"

有人大喝其彩。

一阵疑似的"掌"声。

喝彩之声和掌声,如针扎我心。

朋友小声说:"我数着呢,都十六下了!那女的是不是来真的了呀?"

啪!——第十七记扇在"来喜"颊上。

"好!"——几条嗓子同时喊的。

更长的一阵"掌"声。

坐在台右侧那个人走到了一对搭档之间,他劝"阿福"。然而"阿福"却不依不饶,越发泼悍,"来喜"惧怕得绕着台躲。

连第一个小伙子也上台相劝了。他脸不红了,酒劲儿过去了。并且,也换了身合体的衣服。那时的小伙子,委实有股子帅劲儿。

"不羡神仙羡少年"——我头脑中闪过了一句古诗。

那会儿的台上,如同街头闹剧。我的目光,一会儿望向那三十二三岁的男子,一会儿望向小伙子。而他俩,一位像是大学里的青年教师在劝架,特知识分子劲儿地劝着,却总劝一句话:"别这样,别这样。"像不会劝,不得不劝。小伙子则像是他的学生,与老师同行至街口,遇到特殊情况了,老师已在示范着相劝,自己又怎能不实习着劝呢?也总劝一句:"得啦,得啦……"

我诧异——因为那会儿,我从小伙子脸上看出了腼腆!

那个敬业地结束了表演的小伙子,他又出现

在台上时,将他的真性情也带在脸上了。正如那个三十二三岁的,这会儿像是大学历史系或哲学系教授的男子,将他刚才表演时必戴不可的丑俗假面留弃在后台了。

我忘了他们都是怎样下台去的。

我也不记得整场节目是怎么结束的。

我只注意观察那些与"二人转"没什么关系却又不得不打着"二人转"招牌卖艺的人们的脸了。

当朋友跟我说话时,剧场里已只剩我俩还坐在座位上了。

朋友问:印象如何?

我说:一种忧伤。

朋友又问:忧伤? 那,能接受吗?

我说:根本不能。

可,在东北三省,他们是一个不小的"族群"呢!据说,有两三千人。两三千个家庭,靠他们这么挣钱过生活,脱贫。除了这一行,没有另外一行,能使他们每月挣六七千、一万多。不过他们的收入极不稳定,一旦没人招聘,那就没有收入了。他们唯一擅长的,就是表演那些。他们最担心的,就是这样的表演场所被取缔了……

所以我忧伤。

如果你是文化官员,会严令取缔吗?

不。你呢?

也不。不忍。取缔了叫他们一时去干什么?目前工作这么难找,失业的人在增加……

祝他们目前的人生顺遂吧!

当某现象与某些人的生存之道连在了一起,如果那现象并不构成对社会和对别人的犯罪性危害,如果"某些人"是人数不少的人,则我就会对"生存"二字执敬畏态度,将文人清高的一己之见收敛不宣了。

在此点上,我承认我是"分裂"的。

并且,不以为自己多么的随俗可耻。

当我和朋友走出剧场时,马路上已清静了。剧场门口,伫立着几个人。

朋友小声说:是他们。

我也看出来了。

我忽然很想吸支烟,却只带了烟,没带打火机。

我问他们:谁能借个火?

有人掏出了打火机,并且按着,一手拢着伸向我。我吸着烟后,看他一眼,见是那个曾在台上将橡胶手套往头上套的瘦高的小伙子。

我说:谢谢。

他说:不客气。

我问：几点了？——为的是能再端详他们一番。

一个姑娘打开手机看一眼说：差五分十点了。

台下的他们，真性情的他们，依我的眼看来，竟皆是平静之人、沉默寡言之人、内向之人、腼腆之人、彬彬有礼之人，甚至，斯文之人。

似乎也皆是，有道德感的人，脱离了低级趣味的人……

我以小说家自认为敏锐的眼，望着那样的一张张年轻而心存隐忧的脸，想要对他们微笑一下，却面肌发僵，没笑成。

又来了几个骑摩托或自行车的人，也是他们一伙的。于是他们被摩托和自行车带走了。

有人临去还对我们说：再见……

我转身看那剧场的门面，又一次联想到了《生死场》。心情，便又被难以言说的忧郁所浸淫。

朋友说：他们是去公共浴池赶场了。那种地方晚上都成了价格便宜的旅店，这个时间，他们还能在那种地方继续表演……

我不知说什么好，只有缄默。

远处忽然传来了沉闷的雷声。霎时起一阵大风，要下雨了。